IAN
MORGAN
CRON

Tras los pasos
de *Francisco*

El relato de un peregrino

GRUPO NELSON
Una división de Thomas Nelson Publishers
Desde 1798

Dedicatoria

a Anne, Cailey, Madeleine y Aidan
Pax et bonum

Agradecimientos

Quiero dar las gracias en particular a mi editor Dave Lambert, mi agente Lee Hough, Carolyn McCready de la editorial Zondervan, mi administrador Jim Chaffee y mis amigos Chuck Royce, Rob Mathes, Rick Woolworth y Mako Fujimura.

Ian Morgan Cron

Prólogo

Refulgente como el amanecer y la estrella de la mañana, o incluso como el sol naciente, iluminando al mundo, limpiándolo y dándole fertilidad, se vio a Francisco levantarse como una especia de luz nueva.

Como el sol, brilló por sus palabras y sus obras sobre un mundo que, yaciendo aletargado entre frío invernal, oscuridad y esterilidad, lo encendió con destellos radiantes, iluminándolo con los rayos de la verdad y agregándole el fuego de la caridad, renovando y embelleciéndolo con el fruto abundante de sus méritos y enriqueciéndolo maravillosamente con varios árboles fructíferos en las tres órdenes que fundó. Así fue como llevó al mundo a una especia de estación primaveral.

Prólogo a la *Leyenda de los tres compañeros*

A final de cuentas, la vida tiene sólo una tragedia: que no hayamos sido un santo.

Charles Péguy

I

**A mitad del camino de la vida
yo me encontraba en una selva oscura,
con la senda derecha ya perdida.
¡Ah, pues decir cuál era esa cosa dura
esta selva salvaje, áspera y fuerte
que en el pensar renueva la pavura!
DANTE ALIGHIERI,** *Infierno,* **Canto I, versos 1-6[1]**

Cuando el vuelo 1675 de Alitalia inició su descenso en Florencia, abaniqué nerviosamente las hojas de mi copia de la *Divina comedia.* Dos décadas de estar sentado en mi sótano húmedo habían dejado una capa polvosa de moho que flotaba en el aire a mi alrededor. Por un momento lo vi, pequeñas partículas y esporas que flotaban ociosamente en los rayos de sol que entraban por la ventana. Desde que estaba en la universidad no había leído la parte del «Infierno» del clásico de Dante. Por supuesto que, a los diecinueve, la carga que esas líneas tenía me había pasado desapercibida por completo. Ahora, al leerlo a los 39 años, quisiera poder llamar a Dante y invitarlo a almorzar. Tengo una larga lista de preguntas qué hacerle.

A través de la capa de condensación que cubría la ventanilla, observé el campo toscano que había debajo y supe que había perdido «el camino correcto» y que había entrado a una «selva salvaje, áspera y fuerte». Dos semanas antes era Chase Falson, pastor fundador de la iglesia evangélica contemporánea más grande de Nueva Inglaterra. Mis 14 años de ministerio eran una historia de éxito, por el crecimiento de la iglesia. Me consideraba uno de los pocos privilegiados a quienes el Cielo había dotado con una brújula verdadera. Sabía quién era y a dónde iba. Estaba seguro de que un día vería palomeados, sin lugar a duda, cada uno de mis objetivos de vida. Me gustaba quién era. Mucho.

---

[1]Dante Alighieri, *Comedia.* Edición bilingüe, traducción, prólogo y notas de Ángel Crespo. Seix Barral, Barcelona, 1973.

En aquel tiempo, mucha gente se apartaba de ti cuando descubría que estabas hecho de madera evangélica. Una vez que te señalan como cristiano conservador, piensan que eres un fundamentalista autocomplaciente de derecha, con la agudeza mental de una planta de interior. Cada Navidad, mi tío Bob me saluda en la puerta de la casa de mis padres, con un martini en una mano y un grueso puro cubano en la otra. Me palmotea la espalda y grita: «¡Miren quién llegó! ¡El señor Eee-vangélico!». Es desconcertante, pero Bob es un idiota y padece el trastorno del control de los impulsos.

Por muchos años, se ha considerado las expresiones Nueva Inglaterra y evangélico como mutuamente excluyentes. Mi profesor de historia eclesiástica me dijo que Jonathan Edwards se refería a Nueva Inglaterra como «el cementerio de los predicadores». A pesar de lo funesto que eso sonaba, no me disuadió de atender el llamado de dirigirme hacia el este después del seminario. Mis tres amigos más cercanos se mostraron incrédulos cuando les comuniqué mi decisión de comenzar una iglesia en Thackeray, Connecticut, una comunidad dormitorio a unos 56 kilómetros de Wall Street.

–¿Te volviste loco? Hasta Dios le tiene miedo al noreste –dijeron.

Me reí. «No es tan malo. Crecí ahí».

–Pero posiblemente podrías conseguir trabajo en una megaiglesia en otro lugar –argumentaron.

La verdad, no me interesaba trabajar en una iglesia que alguien más hubiera construido. Quería ser el pionero que «descifró el código» de la aridez espiritual del noreste, que heroicamente logró hacer avanzar la causa de Cristo en la región más resistente al Evangelio del país. Como oriundo, tenía la seguridad de que conocía lo suficiente el paisaje cultural como para llegar los egresados de las universidades de la Ivy League, cuyas casas están discretamente escondidas detrás de paredes de piedra y puertas de hierro forjado. Me daba algo de importancia a mí mismo, pero ahí lo tienen.

Aun así, cumplí lo prometido. Construí una iglesia en la que, según los últimos conteos, más de 3000 personas venían cada domingo a rendir culto. Una proeza hercúlea en un lugar del mundo en el que se sospecha de las cosas grandes o nuevas.

Viéndolo en retrospectiva, noto que la Putnam Hill Community Church se construyó por lo atractivo de mi creencia en un Dios que puede ser administrado y explicado. Tenía tal seguridad inquebrantable en mi teología evangélica conservadora que incluso convencí a algunos de los habitantes locales más escépticos. Tras dedicar muchos años de 70 horas de trabajo por semana, Putnam Hill se convirtió en una iglesia llena de jóvenes de Wall Street y sus familias, muchos de los cuales habían llegado porque estaban decepcionados de que la felicidad no venía como equipo opcional en sus vagonetas Lexus.

El mundo había detonado diez días antes. Al contemplar hacia abajo, desde las azoteas de terracota que punteaban nuestro acercamiento a las colinas toscanas, me hallé a mí mismo en una incapacidad laboral forzada. Era muy problable que cuando regresara a casa, ya no tendría trabajo. Había descubierto que llegar al clímax de una crisis espiritual frente a mil personas no es precisamente astuto. En retrospectiva, debí haberme dado cuenta de que estaba parado en la orilla de un precipicio existencial que se abría ante mí. Por dos años, corrientes subterráneas de duda habían succionado el pozo de mis creencias más profundas. El andamiaje que sostenía todo mi sistema de creencias se sacudía como si una fuerza invisible estuviese tratando de derribarlo.

Tres meses antes de que todo saliera a la luz, comencé a reunirme con el Dr. Alistair McNally. «Mac» es un psiquiatra de 65 años y el único terapeuta decente a 50 kilómetros a la redonda de Thackeray. Nacido y criado en Dublín, Mac tenía mechones de canas enmarañados y un sentido del humor obsceno. Es el único terapeuta cristiano que conozco que no hace esos molestos zumbidos con su garganta cuando alguien le dice algún detalle doloroso de su vida. Tampoco insiste en mantener contacto visual con uno, como si fuera un marciano practicando control mental.

Simplemente es una persona común, con mucho más kilometraje en su odómetro que el mío, y me cae bien. Regina, su secretaria, es parte de nuestra iglesia, por eso nos vimos fuera de la oficina como si fuéramos a jugar squash en su club. Mis erráticos estados de ánimo rápidamente se estaban convirtiendo en un tema de conversación en la iglesia. Lo último que necesitaba era que la gente se enterara que estaba viendo a un psiquiatra. Un día, después de que me había derrotado en tres juegos seguidos, Mac y yo nos sentamos en el suelo fuera de la pista, tratando de recuperar nuestra respiración.

–Entonces, ¿cómo estamos esta semana? –preguntó Mac.

Suspiré. «La verdad es que me siento peor que la semana pasada», dije. «Sigo sin poder dormir y subí kilo y medio. Pero tengo un nuevo pasatiempo».

–¿Cuál? –me preguntó.

–La violencia vial.

Mac se rio. «Entonces, ¿qué haces cuando no puedes dormir?».

–¿Quieres decir cuando no estoy pegado a la televisión, comiendo litros de helado? –pregunté.

Mac se carcajeó de nuevo. «Sí».

–Paso mucho tiempo viendo el techo, cuestionando cada una de las cosas en las que he creído por los últimos veinte años. No logro entender qué me está pasando. Solía ser el «Hombre Biblia». Sólo había que oprimir el botón y yo daba la respuesta. Y después, sin darme cuenta, soy Bertrand Russell. Alguien me quitó la silla de la fe.

–¿Y qué fe sería esa? –me preguntó en su cantado acento irlandés.

–La que no es complicada –dije. «Seguir a Jesús era algo tan claro. Cada pregunta tenía una respuesta lógica. Cada misterio tenía una explicación racional. El día que subí al escenario a recoger mi título del seminario, pensé que había descifrado bastante bien a Dios. Todo lo que creía estaba empacado, archivado y colocado en una repisa».

Mac se enjugó la frente con una toalla. «Suena como teología de Dragnet», sugirió.

–¿Qué significa eso?

–Una religión tipo «Sólo hechos, señora» –dijo.

–Sí, pero por veinte años eso funcionó para mí. Ahora tengo más preguntas que respuestas.

–¿Qué clase de preguntas?

–Las peligrosas –respondí con seriedad remedada.

Mac sonrió. «Dime una «por ejemplo», dijo.

–Por ejemplo: ¿Por qué tengo esta acusada sospecha de que he estado leyendo un guion teológico que alguien más escribió? ¿Ésta es mi fe o es una fe que adquirí cuando era niño sin realmente pensar al respecto? ¿Por qué me avergüenza tener dudas y preguntas? Mi fe solía estar llena de vida, ahora parece tan gris. A veces me siento tan enojado que quiero golpear alguna pared.

–¿Cómo? –preguntó Mac.

–Me vendieron una lista de mercancías –dije, golpeando mi raqueta contra el piso.

–¿Quién te la vendió?

–Es difícil apuntar a alguien con el dedo. La subcultura cristiana, supongo. Esa pequeña porción del mundo solía ser todo lo que yo necesitaba. Ahora me parece que promete en exceso y que no cumple. Por meses, cualquier cosa que remotamente tenía pinta de evangelismo era un reto a mi reflejo vomitivo. Solía devorar todos esos libros que prometían una vida espiritual victoriosa en tres fáciles pasos. Iba a conferencias de pastores en las que oradores famosos, con dientes blancos Chiclets, daban charlas que sonaban más a Tony Robbins que a Jesús. Recientemente recibí correspondencia que anunciaba un seminario sobre desarrollo de iglesias y evangelismo en una megaiglesia. El tema de la convención engalanaba el titular: «¡Conquista la colina para Jesús!» Tenía la foto del pastor anfitrión, sosteniendo una Biblia, parado al lado de un tanque del ejército.

Unos años antes me había escandalizado que un amigo del seminario se hubiera convertido al catolicismo porque sentía que los evangélicos habían «McDonalizado» a Jesús. Empezaba a entenderlo.

–No creo que la ira sea la cuestión central en esto –dijo Mac. «La ira está enmascarando alguna otra emoción».

–¿Cuál? –pregunté.

–El miedo.

–¿Miedo de qué?

–Tienes miedo de que, si no encuentras un nuevo camino para seguir a Jesús, entonces quizá no seas capaz de seguir en el juego –respondió.

Mac se levantó para conseguir agua de la máquina enfriadora. Que alguien con piernas flacas y blancuzcas, una panza generosa y un trasero cóncavo pudiera arrasar conmigo en el squash era un tanto vergonzoso.

–¿Cómo van las cosas en la iglesia? –preguntó.

–Estoy dando un curso en nuestro grupo de adultos jóvenes que se llama La verdad absoluta en una época de relativismo.

–¿Qué tal va eso? –preguntó.

–No muy bien. Siento como si estuviera tratando de responder preguntas que nadie hace.

–¿Incluyéndote a ti? –preguntó Mac con gentileza.

Me encogí de hombros. «Quizá. Lo que es desalentador es que los veinte y treintañeros se están yendo».

–¿Tienes idea de por qué?

–El otro día hablé en privado con una de ellas y le pregunté. Dijo que yo tenía «demasiadas certidumbres» y que nuestros servicios dominicales eran demasiado astutos. Todos se están yendo hacia una nueva iglesia de moda en Bridgewater en donde a todos parecen gustarles las velas y las barbas de candado.

Mac se sentó en el suelo para estirar sus muslos. «Otros pastores de la ciudad deben estar lidiando con el mismo problema. ¿Has hablado con alguno de ellos?», –preguntó.

–Fui a un almuerzo de pastores la semana pasada.

Mac desvió la mirada y soltó otra risita. Era un reparto de personajes un tanto escandaloso.

–¿Qué tal te fue? –preguntó.

–Fue un desastre. Tuvieron a un orador que se quejaba furiosamente de las guerras culturales y cómo teníamos que rezar para que Estados Unidos pudiera «redescubrir la fe de sus padres fundadores».

–¡Uy! –dijo Mac.

–Después, los pastores conservadores hicieron un grupito y hablaron de cómo Estados Unidos «se desliza hacia el fondo de un abismo moral» y sobre cómo tenían que lograr que los miembros de sus congregaciones votaran por los republicanos. Cuando pasé al lado la mesa de los izquierdistas, los oí hablar de cómo tenían que detener a los «evangélicos criptofascistas» en su intento de apoderarse del país –me desahogué.

–¿Qué hiciste?

–Debí haberme ido, pero me detuve en la mesa de los conservadores por unos minutos –dije.

–¿Y?

–La conversación era tan deprimente que traté de ponerle un poco de humor. Por eso dije: «Quizá deberíamos construir búnkeres y almacenar comida enlatada para el Apocalipsis».

Los ojos de Mac se abrieron. «¿Qué tal salió eso?», preguntó.

–Me pusieron tan mala cara que pensé que mi pelo se incendiaría.

La risa de Mac se oyó a través del pasillo.

–En serio, Mac, estoy harto de la enemistad entre los conservadores e izquierdistas teológicos, los buenos contra los malos. Todos están seguros de que monopolizan el mercado de la verdad. Cada mañana quiero abrir mi ventana de par en par y gritar: «¡Díganme que hay algo más! ¡Tiene que haber algo más!».

Nos sentamos por unos minutos escuchando el rebotar de las pelotas en las paredes de las pistas. De vez en cuando oíamos gritar a alguien obscenidades por algún error que le había costado un punto.

Mac se levantó. «¿Viste *The Truman Show: Historia de una vida?*», preguntó.

–¿La película de Jim Carrey?

–Ve a rentarla. Nos dará algo de qué hablar –dijo.

Me paré lentamente. Se me había roto un ligamento de la rodilla derecha cuando estaba en el internado y ese día se me había olvidado llevar mi aparato ortopédico. «Muy bien», dije, intrigado por la tarea.

–Me voy a casa por tres semanas para visitar a mi madre. Te llamo cuando esté de vuelta y nos ponemos de acuerdo para una nueva cita –dijo. Sostuvo la puerta de la pista para que yo saliera. «¿Quieres que te dé otra lección?», preguntó maliciosamente.

La noche del sábado, Chip, mi pastor de ministerios estudiantiles, vino a comer pizza y a ver *The Truman Show*. Cuando se trata de ministerio juvenil, Chip tiene lo que busca cualquier pastor senior y algo más. Es bien parecido, carismático, atlético, toca la guitarra y los padres de familia piensan que camina sobre el agua. Lo único que me molesta de él es que vive en un estado de constante de sorpresa. Siempre que alguien entra a un lugar, se levanta, grita «¡Amigo!» y los abraza como si no los hubiera visto en diez años. Lo sé bien: me lo hace alrededor de cinco veces al día. Sabía que Chip estaba cada vez más ansioso. Tiene 32 años y me ha lanzado indirectas de que no quiere seguir trabajando con muchachos por mucho más tiempo. Me aterra la idea de tener que reemplazarlo.

Mac tenía razón. *The Truman Show* fue genial. Jim Carrey interpreta a un hombre llamado Truman Burbank que crece en un pueblo idílico en una pequeña isla llamada Seahaven. Lo que Truman no sabe es que él es la estrella del programa de telerrealidad de mayor duración de la historia. La isla es un estudio gigantesco, sus amigos y familia son actores y cinco mil cámaras escondidas emiten cada uno de sus movimientos al mundo exterior. Gradualmente, Truman se va dando cuenta de que algo anda mal. Siente que debe haber algo más allá de Seahaven y, a pesar de los intentos de todos por mantenerlo en la isla, crece en su convicción de irse y descubrir la verdad. Un día escapa en un pequeño bote y navega durante una violenta tormenta, choca con la pared del estudio pintada para verse como el horizonte. Va tanteándola al recorrerla. Descubre una puerta y se enfrenta a una decisión. ¿Vuelve a su vida perfecta en la isla o atraviesa la puerta hacia lo que sea que lo espera en el otro lado? En la escena final de la película, Truman deja el único mundo que ha conocido y descubre el mundo real de afuera.

–Una película impresionante, ¿no? –pregunté, al apagar la televisión.

Chip se encogió de hombros. «Estuvo bien, supongo».

Me le quedé viendo. «¿Cómo que "bien"? Estaba llena de capas de simbolismo y significado», dije.

–No fue tan buena como *Corazón valiente*. Además, prefiero las comedias de Jim Carrey. *Una pareja de idiotas* fue divertidísima –respondió con un bocado de pizza en la boca.

Me paré. «¿Hablas en serio? Esta película trata sobre la búsqueda de la verdad, de la trascendencia, de una realidad más elevada. *Una pareja de idiotas* ni siquiera está al mismo nivel», respondí.

–¿La has visto? –preguntó.

Me puse rojo. «No, pero...».

Chip se levantó y empezó a hurgar en sus bolsillos para encontrar las llaves de su coche. «No era nada creíble», dijo. «¿Por qué Truman iba a querer irse de la isla?».

–Estás bromeando, ¿verdad? –pregunté.

–Tenía una vida muy buena.

Me empezaba a preguntar si Chip y yo habíamos visto la misma película. De hecho, me comenzaba a preguntar si vivíamos en la misma galaxia. «Pero, Chip, no podía quedarse en la isla. ¡Todo era una mentira!».

–¿Viste la atractiva que era su esposa? –preguntó.

–Chip, ¡despierta! –grité.

La expresión de Chip se endureció y cruzó los brazos sobre su pecho.

–Chase, ¿qué te pasa estos días? Estoy un tanto cansado de ser tratado como un idiota. Me preguntaste qué pensaba y te lo dije –expresó.

Tenía razón. Había estado presionándolo últimamente. Y sabía por qué. Chip era un ícono de todo lo que había empezado a resentir. Caminaba y se expresaba en la línea del partido. No cuestionaba nada. Tenía una respuesta superficial para cualquier pregunta que el universo le arrojaba. Lo acompañé a la puerta de enfrente con mi cola entre las patas.

–Lo siento, Chip, me estoy sintiendo un poco agotado estos días –dije con arrepentimiento.

–Está bien –dijo, pero podía ver que no era así. «Mejor me voy a mi casa. Mañana tengo un día importante», dijo bostezando. «Le dije a estudiantes de último año de bachillerato que podían raparme si recolectaban suficiente dinero para financiar nuestro viaje de misión a México. Algunos de ellos dijeron que llevarían a sus amigos que no van a la iglesia a que vieran», –dijo.

Después de que Chip se fue, me acosté y por la enésima noche consecutiva tuve problemas para quedarme dormido. Vi de nuevo, en mi cabeza, las partes más significativas de la película. No hacía falta ser un genio para darse cuenta de por qué Mac quería que viera la película. Yo era Truman. Había empezado a sospechar que había algo más allá de la isla del evangelismo en la que había vivido los últimos 20 años. Estaba enfrentando exactamente el mismo tipo de elección. ¿Me quedaría en esa isla, aferrándome a una relación con Dios que se sentía cada vez más insípida e insatisfactoria o me iría y confiaría que podría haber otra forma de seguirlo? ¿Seguiría guiando a nuestra iglesia por un camino en el que se me dificultaba continuar creyendo todavía o saldría de esa vía y trataría de encontrar otro camino? Por un momento tuve cierta esperanza y motivación, después llego una voz que parecía decirme «eres un canalla muy malo». La idea de abandonar mi pequeña isla me horrorizaba. Comencé a sentirme desesperado.

«Jesús, ayúdame a salir de ésta», rezaba. «Una parte de mi quiere salir de esta isla y otra parte no se imagina poder vivir la vida en otro lugar.»

Me cubrí por encima de la cabeza con las cobijas. Lentamente me fui quedando dormido y pasé la noche soñando con un bote con fugas y océanos hirvientes.

A la mañana siguiente, en la iglesia, hice algo que no había hecho antes. Quizá ver *The Truman Show* me había inspirado a salir y tomar riesgos. Estaba predicando sobre el tema de rendir culto cuando, hacia el final de mi mensaje, me salí del guion y comencé a improvisar. Claro que en el pasado me había salido de mis notas por un enunciado o dos, pero esto era una digresión en toda regla.

–He estado haciendo muchas preguntas últimamente. ¿Qué tal si Dios no es tan predecible o explicable como queremos creer? Recuerdo haber leído *El oso* de Faulkner, en mi clase de literatura en la universidad. En el cuento, un niño pequeño llamado Ike McCaslin está rastreando a este oso elusivo, un símbolo del Dios todopoderoso. Después de varios intentos fallidos, se da cuenta de que si quiere llegar a entrever al oso, tendrá que dejar su arma y su brújula y presentarse indefenso a la intemperie. Por un momento, la gloriosa criatura aparece en un claro del bosque, ve por sobre su hombro a Ike y desaparece en el bosque como un róbalo que vuelve a las profundidades de un lago –susurré.

Al hablar, me preguntaba por qué no había hecho esto antes. Estaba vibrando en mi interior, la sangre y la adrenalina corrían por mis venas. Ese fue mi discurso tipo «Tuve un sueño». Seguí por varios minutos más y después llegué a mi conclusión.

–¿Qué tal si, de vez en cuando, nos olvidamos de los tambores y las guitarras, apagamos los proyectores, dejamos de lado los sistemas de sonido y esperamos en silencio a que Dios emerja del bosque? ¿Tenemos la suficiente fe para creer que aparecerá ante nosotros como comunidad?

Estaba extasiado. Había hablado desde un lugar de mi alma que sabía que existía pero al que no sabía cómo llegar. Lo que dije no era perfecto, pero era yo perfectamente. No estoy seguro de qué era lo que esperaba que pasara después. Quizá preví que un grupo de extáticos congregantes me levantaran en hombros y me pasearan alrededor de auditorio, cantando mi nombre. Incluso una ronda de aplausos mínimos, por educación, habría sido buena. En vez de eso, todos se veían como si les hubiesen inyectado grandes dosis de novocaína en las caras mientras yo hablaba. Podía oír cómo bostezaba el universo. Después del servicio, varias personas me dijeron que mi sermón había sido «interesante». Sabía que eso significaba que recibiría 10 mensajes de correo electrónico en lunes por la mañana preguntando si recientemente había sufrido algún traumatismo craneoencefálico importante. Al poco tiempo, me estaba comenzando a sentir un poco a la defensiva.

La gota que derramó el vaso fue Bill Archer. Bill no es uno de nuestros miembros con más intuición para relacionarse. Es ruidoso, te palmotea la espalda y es el dueño de una franquicia de control de plagas. Tiene una habilidad legendaria para decir cosas fuera de lugar, en el peor momento. Cuando abre su boca, uno se pregunta donde empezarán a caer los cadáveres.

–He oído bastantes sermones en mi vida, pero ese se lleva el premio –dijo, riéndose sibilinamente. Bill tenía poco más de cincuenta, era regordete y tenía piel pastosa por demasiados años de fumar sin parar. «¿De cualquier manera, de dónde lo sacaste? ¿De internet?». Bill se fijó en el grupo de los nuevos, con quienes yo había estado hablando, para ver si alguno de ellos encontró sus comentarios tan chistosos como él mismo.

Se veían, sobre todo, desconcertados. La lava del Psíquico Molten comenzó a levantarse. Empezó por mis tobillos, pasó por mis rodillas y mi pecho hacia mi cabeza. No había manera de detener el estallido. Puse mi cara tan cerca de la de Bill que habría podido contar los pelos de su nariz.

–Bill, ¿qué tal si te sientas y dejas que repose tu cerebro? –dije, con dientes apretados. La sonrisa en la cara de Bill desapareció. Farfulló algo sobre que yo no tenía sentido del humor y se escabulló. Las cosas iban de mal en peor.

Fue una niña de nueve años, llamada Iris Harmon, quien me llevó al límite. Bauticé a Iris cuando tenía tres meses. Su mamá, Maggie, tenía 35 y había alcanzado la sobriedad recientemente. Su padrino en AA, miembro de nuestra iglesia, le había dicho que Putnam Hill podría ser un buen lugar para echar raíces y encontrar un Poder Superior. Maggie había crecido en la Iglesia católica, incluso había ido a escuelas católicas. Sin embargo, su experiencia con el catolicismo le había dejado un mal sabor de boca.

–Cuando di el Cuarto Paso en mi rehabilitación, tuve que enfrentar mis resentimientos hacia las monjas que habían sido mis profesoras –me dijo la primera vez que nos vimos. «Lo he superado. Ahora puedo ir y sentarme en la parte de atrás de una iglesia católica a rezar. Me gusta lo silenciosas que son».

Cada domingo, durante nuestras horas de café después del servicio, revoloteaba alrededor de esta frágil ex adicta que olía a cigarros y arrepentimiento. Era cautelosa como un conejo, con ojos penetrantes que miraban en todas direcciones y revisaban constantemente para conocer las rutas de escape. Un domingo, estaba enseñándole nuestro nuevo centro de acompañamiento y nos detuvimos para que la presentara con uno de los miembros de mayor edad de nuestra iglesia. A la mitad de nuestra conversación, Maggie soltó, de manera casual, «una palabrota». Pensé que el hombre mayor iba a toser un Volkswagen. Más adelante ese año, Maggie e Iris encontraron a Jesús y, aunque tomó algo de tiempo integrarlas, eventualmente se convirtieron en parte de la familia.

Enterré a Iris cuatro días antes de que echara yo mi vida por la borda. Se había caído de su bicicleta, su cabeza pegó contra la acera y jamás despertó. Estaba con ellas cuando Maggie dio permiso a los doctores para apagar el respirador artificial. Tras días de oír máquinas y monitores que zumbaban y resollaban, el cuarto se volvió misteriosamente silencioso. Estaba húmedo de desesperación. Maggie y yo nos agarramos de las manos y fijamos nuestros ojos en la pequeña figura de Iris, un gorrión de huesos pequeños, esperando que el aliento de Dios pudiera revivirla. Pero el espíritu nunca llegó. Maggie pasó sus dedos por los contornos de las nudosas piernas de Iris, lánguida y silenciosamente bajo las sábanas blancas. Susurró, «¡Ay, niña!», como si su niña sólo se hubiera golpeado la cabeza y hubiera corrido a su casa buscando el consuelo de su mamá. Fue un lamento fúnebre que podría hacer que el universo inclinara su cabeza con dolor y compasión.

Maggie se volvió hacia mí en el estacionamiento del hospital. «Entonces, ¿dónde está Dios ahora?», dijo, entre dientes apretados. «Le di mi vida a Cristo, hice todo lo que tú me dijiste. ¿Cómo puede él hacer esto?». Se acumularon estanques de ira en los ojos de Maggie.

Algo me empujó más allá de esa frontera cuya existencia me era desconocida. Desde una habitación en las profundidades de mi alma, vi un mueble repleto de porcelana antigua que comenzaba a tambalearse y a caer. Me vi corriendo frenéticamente, tratando de detenerlo, pero no pude llegar a tiempo. Estalló en el suelo de mi corazón con un golpe reverberante. Madera astillada y fragmentos de porcelana se esparcieron por mi alma mientras Maggie, temblando de ira, esperaba mi respuesta al fondo de un largo túnel.

Parado entre la destrucción, una voz que exudaba desprecio, susurró, *Dale un beso de despedida a todo.*

Llegué a la fe cuando estaba en mi primer año en Stockford College en Danbridge, Massachusetts. Había existido una línea ininterrumpida de Falsons en esa maravillosa y vieja escuela por generaciones, desde antes de la Guerra Civil. Tengo una foto de mi de bebé, en brazos de mi abuelo, con un suéter de lana que parece insoportablemente grueso y con una S enorme enfrente. Desde el momento de mi concepción se esperaba que fuera yo aficionado de los cardenales y miembro de la fraternidad DKE algún día.

Dudo que haya un lugar más mágico que Stockford en el otoño. El primer septiembre que estuve ahí, caminaba alrededor del patio preguntándome si me habían dejado caer en paracaídas en la película clásica de los setenta *Paz separada*. La larga línea de viejos robles y arces, que daban sombra a la banqueta y conducían a la entrada del Auditorio Garnett, estaban ardiendo con hojas tan llenas de fuego y gloria que producían una dulce melancolía en el centro de mi pecho.

La belleza absoluta del lugar me hizo ansiar algo que no podía describir, pero que sabía que existía.

En la primera y agitada semana de ese año, en una fiesta de la fraternidad, conocí a una muchacha realmente bonita, llamada Leslie. Tarde una noche, la encaminaba a su dormitorio (quizá habría que añadir: con intenciones poco honorables). Mientras caminábamos me dijo que ella era: «cristiana». Nadie jamás me había dicho eso, pero no me importó, porque era tan bonita que podría haberme dicho que era un electrodoméstico y no me habría desanimado.

–Necesitas conocer a Phil Barclay –dijo, con todo el encendido entusiasmo de una porrista.

–¿Quién es? –no podía importarme menos, pero sabía que mantener la conversación era una misión crítica.

–Es la nueva persona del equipo de InterVarsity en el campus –dijo.

–¿Trabaja en el departamento de deportes?

Leslie se rio. «No, InterVarsity es una organización cristiana. Estoy segura de que ustedes dos se caerán bien. Ven mañana a nuestra reunión y los presento», dijo abriendo y cerrando sus ojos. No sabía que había sido atraído a la telaraña de un brillante evangelista.

Yo era un candidato poco prometedor para la cosa completa de «renacer». Había sido criado en la cuna de la riqueza del noreste, no en el Sur Profundo. Era hijo único de citadinos miembros de la Iglesia Episcopal, quienes no tenían el mínimo interés en la religión. Mi madre fue criada por baptistas conservadores en un pequeño pueblo rural del este de Colorado, un hecho del que se hablaba muy poco en nuestra casa. Una vez la había oído decir a un amigo que, después de llegar a Smith gracias a una beca académica, se había desprendido del yugo de su «niñez de religiosidad opresiva» y adoptó las raíces espirituales más insustanciales de mi padre. Él decía que la familia de mi madre era «frenéticamente entusiasta» acerca de la religión y que la falta de alcohol en la fiesta de su boda era todavía motivo de vergüenza. Recuerdo regresar del internado y preguntarle a mi padre si nuestra familia era de cristianos.

–Por Dios, no –dijo, poniendo su mano sobre su corazón y viendo hacia el cielo. «Somos de la Iglesia Episcopal». Decir que la boda de mis padres fue un desastre es caritativo. La vida en casa era como una escena de *Largo viaje hacia la noche* de O'Neill. Mi padre era un alcohólico presuntuoso que se servía su primer güisqui cada tarde a las cinco.

Para las siete y media ya había caminado por la casa como entre neblina, chocando contra los marcos de las puertas y murmullando disculpas dirigidas a nadie en particular. Algunas veces se tropezaba conmigo mientras jugaba en el suelo de la sala y se le veía confundido, como si estuviera a punto de presentarse conmigo. Mi madre patrullaba como June Cleaver, ordenando la casa, perdida en sueños sobre nueva tapicería. Toma mucha energía psíquica el mantener esa clase de negación.

Cuando llegó Phil, por primera vez en mi vida sentí que un hombre que merecía respeto me estaba «viendo». Una vez leí que un hombre joven se empobrece si no tiene un hombre viejo que lo admire.

Era verdad, por primera vez en mi vida era rico. Pasamos largas tardes jugando lacrosse en la loma cubierta de hierba enfrente de mi fraternidad o hablando en la cena de la Lancaster Union. Me oía como si cada sílaba de cada palabra importara.

A pesar de ello, había una diferencia importante entre Phil y yo. Él tenía los pies sólidamente en la tierra y yo era un astronauta que flotaba en la ausencia de gravedad del espacio. Podría haber atribuido eso al hecho de que era 10 años mayor que yo, pero sabía que no era por eso. Sus pies estaban en otro reino. Mis pies no estaban en ningún lugar.

Sentados en mi dormitorio tarde una noche, Phil compartió el Evangelio conmigo. Todo parecía tan lógico y simple. La idea de que yo era objeto del amor de Dios era embriagadora.

–Chase, ¿puedes pensar en alguna razón por la que no deberías rezar en este mismo momento para recibir a Cristo? –preguntó Phil.

Reteniendo mis lágrimas, susurre: «No lo creo».

–Todo lo que tienes que hacer es entregar tu corazón a Jesús. Pídele que sea el centro de tu vida –me instó.

–¿Cómo lo hago?

Phil se sentó a mi lado en mi cama. «Puedes rezar conmigo para hacerlo ahora mismo», contestó. –¿En voz alta, quieres decir? Había perlas de sudor en mi frente que escurrían por mi espalda.

–Te puedo decir qué dice la oración y tú puedes decirla cuando estés solo –me dijo, tranquilizándome.

–¿Y si no recuerdo las palabras? –pregunté. En ese tiempo, tomaba una clase que se llamaba "Las escrituras hebreas como literatura". Había leído los primeros cinco libros del Viejo Testamento y sabía que sacar de quicio a Dios no era buena idea.

–No te preocupes, no tiene que ver con las palabras sino con el corazón –me respondió.

Me era imposible imaginarme rezando en voz alta con alguien, particularmente si era un profesional. «Creo que es algo que me gustaría hacer a solas», dije.

De pie en los escalones del Auditorio Jennings, Phil me dio la mano y dijo que me llamaría al siguiente día para ver qué tal estaba. Eran las dos de la mañana cuando caminé al patio, con las manos en los bolsillos y los hombros tiritando. Hacía más frío de lo normal para ser octubre. Las personas que vivían cerca habían llenado sus calefacciones de leña antes de irse a dormir y el olor de los leños de roble endulzaban el aire. Viendo hacia arriba vi la aurora boreal por primera vez.

Mi abuelo me había hablado de ella, pero todavía no estaba preparado para lo bella que era: columnas de luz roja y verde que colgaban como cortinas del cielo. Me senté en las escalinatas de la biblioteca de la universidad, chapoteando en un charco de lágrimas, susurrando un sí a la noche.

Los siguientes cuatro años, Phil y yo nos reunimos cada viernes en la mañana para que el pudiera «discipularme». Me hizo creer que con que tuviera un momento de recogimiento cada día, fuera a la iglesia, diera el diezmo, compartiera mi fe con otros y formaba parte de un grupo de responsabilidad, mi vida sería manejable. A la Biblia le decía «El manual del propietario» que, como la mayoría de los manuales, se suponía que explicaba la manera en la que funcionaba la máquina. Si uno no encontraba la respuesta en la Palabra, entonces uno simplemente no estaba buscando con suficiente ahínco. Phil estaba profundamente interesado en la apologética. Me llenaba de libros de autores que defendían la racionalidad de la fe y me hacía memorizar las Cuatro Leyes Espirituales como si Dios las hubiese entregado a Moisés junto con los Diez Mandamientos. Para un niño que había crecido en un completo caos espiritual, esta rama sistemática de la religión era atractiva, tan atractiva que aposté mi vida a ella.

Estoy seguro de que Phil tenía buenas intenciones. No dudo que el Jesús que cortejó y ganó mi corazón esa noche de otoño todavía es real. Es simplemente que en algún momento de la vida comencé a anhelar algo de lo que Phil nunca me habló.

Después del funeral de Iris, los días siguientes fueron desdichados para mí. No tenía hacia donde dirigir mi dolor y confusión. Apenas salía de mi departamento y contestaba el teléfono. En las noches bebía una copa de vino tras otra, esperando que me ayudara a quedarme dormido, pero sólo lograba crear más confusión en mi cabeza y que mi corazón se sintiera más pesado. Una mañana, alrededor de las tres, llamé a Mac. Muy alterado comencé a dejarle en su contestadora un mensaje incoherente, entre lágrimas, sobre lo solo que estaba. De repente me encolericé y le dije que odiaba a Dios y mi iglesia.

Iba de un lado a otro de la autopista, yendo y viniendo, rebotando en una barandilla y golpeándome contra otra, las chispas volaban por el aire y los tapones de las llantas rodaban por el asfalto. Todo el tiempo podía oír el retumbar del domingo que se acercaba, a la manera del zumbido en las vías, por un tren de carga antes de que se le vea. Debí haber pedido a alguien más que predicara, pero no era del tipo de personas que piden ayuda. Fue un gran error.

Ese domingo el auditorio estaba lleno hasta el techo. Cada iglesia tiene uno o dos niños que son de todos. Iris era uno de esos niños. La gente se abrazaba una a otra un poco más esa mañana y todavía había algunos ojos enrojecidos en la sala. Las personas habían llegado como rebaño esa semana, sencillamente porque necesitaban estar juntos.

Las tres semanas anteriores había dado una serie de mensajes de cuaresma sobre las últimas palabras de Jesús. Ese domingo estaba hablando acerca de las afligidas palabras de Jesús: «Tengo sed». Había preparado lo que iba a decir durante el verano: estaba argumentando por qué la sed no era necesaria para Dios. Mi premisa era que si pudiéramos examinar las evidencias históricas y bíblicas sobre la divinidad de Jesús, así como el caso de la resurrección física de manera forense, inevitablemente llegaríamos a la conclusión de que el Evangelio era verdad. Creer en estos hechos probatorios, decir la Oración del Pecador y dedicarnos a una vida de obediencia nos daría agua de vida para nuestras áridas almas.

Todo iba bien hasta el punto número tres. Fue entonces que los dientes de los engranes comenzaron a desmoronarse y zafarse. Oí el mismo terrible sonido de choque que había percibido por primera vez con Maggie en el estacionamiento del hospital. Esta vez, no obstante, el estruendo era ensordecedor. Le di un vistazo al texto de mi sermón y entendí por vez primera lo que ha de ser la dislexia. Parecía como si todas las palabras de mi página, cuidadosamente escritas, hubiesen participado en un accidente automovilístico colectivo. Sacudí mi cabeza, esperando que las letras corrieran por la página en blanco y se reorganizarían a sí mismas para formar ideas convincentes. Un nudo se alojó en mi garganta y me cubrió una ola de abatimiento y resentimiento. La actuación estaba en marcha. Desesperadamente traté de recuperarme y volver a mi esquema, pero algo me jalaba hacia la tierra. Ninguna operación con la palanca de control podría hacer que el avión saliera de la espiral de la muerte. Por segunda vez en mi vida, me salí de mi guion.

–Después de enterrar a Iris esta semana, algo me pasó –dije con una voz lenta y dubitativa, muy diferente a mi manera normal de hablar. Quise poder hablar en lenguas, en algún lenguaje del Espíritu que pudiera comunicar lo que le ha pasado a mi alma a esas personas que amo. Eché un vistazo: mi corazón latía tan fuerte que la parte de enfrente de mi camisa estaba pulsando. Me preguntaba si la gente podía oírlo por el micrófono en mi solapa.

–La noche que Iris murió, también murió algo dentro de mí... Estaba esa voz en mi cabeza... O, más bien, ese mueble lleno de porcelana que se estrellaba en un lugar profundo... Mi fe no murió súbitamente... Ocurrió de manera lenta... Intenté de todo para recuperarla... –Me detuve y traté de reordenar mis pensamientos. Algunos tosidos nerviosos reverberaban en el auditorio. Mareado y con náuseas, me senté en la orilla del escenario, sabiendo que nada de lo que estaba diciendo tenía ningún sentido para nadie, ni siquiera para mí. Vi a las personas cuyas bodas yo había presidido, parejas cuyos matrimonios yo había ayudado a componer, niños a los que yo había bautizado, hombres y mujeres que yo había llevado a la fe. Estaba lleno de un dolor que nunca había conocido y que no quería volver a sentir. Y después, como un alcohólico en su primera reunión de AA, que admite por primera vez en voz alta que tiene un problema con la bebida, confesé con voz angustiada: «Mi fe ha desaparecido».

Cada onza de oxígeno desapareció de la sala. Levanté la cabeza y vi a Maggie sentada en la primera fila, moviendo la cabeza hacia mí, con una ligera sonrisa en sus labios. Era como si estuviera alentando a un niño pequeño a continuar a pesar de haber olvidado sus diálogos en la obra de teatro de primero de primaria.

Me seguí esforzando: «Solía tener todas las respuestas. Bastaba abrir la Biblia y ahí estaban. La verdad es que no todas están ahí... O si están, no logro encontrarlas. He tratado de convencerlos de que el cristianismo es lógico y sencillo, como si Dios pudiera ser codificado y metido en archivos de los que no puede salir. Cada vez que la incertidumbre tocaba a mi puerta, me escondía detrás del sofá hasta que se iba. Ahora soy yo el que tiene sed». Mi garganta estaba tan cerrada que era doloroso, mi voz estaba tensa y ronca. «El Jesús que he conocido por veinte años no está haciendo que esto desaparezca».

Me levanté. «¿Y qué con nuestra iglesia? Quiero decir, ¿es todo lo que hay? Las personas llegan a nuestras puertas hambrientas de Dios, hacemos que firmen una tarjeta afirmando que creen en lo que hacemos, y luego los domesticamos». Abrí mis brazos y miré al techo: «Putnam Hill, todo lo que usted espera de una iglesia y menos», anuncié.

Estaba acabado. El agua de mi bautizo corría por mi cara.

Agité mi cabeza. «Quizá todos somos unos tontos». Después de eso bajé al pasillo central y caminé hasta salir por las puertas del auditorio.

Cuando llegué a mi oficina, cerré la puerta y me desplomé en el sofá de piel que había colocado debajo de la gran ventana que daba a nuestros jardines. En la pared detrás de mi escritorio colgaba una reproducción de Thomas Kinkade, regalo de una pareja mayor por haber oficiado su matrimonio. La miré inquisidoramente. La calidez de la luz idílica, la seguridad de una casa en el bosque; sentí que todo se reía de mí. Vi el mundo retratado en esa pintura tal y como era: inexistente.

Unos minutos después, la puerta de mi oficina se abrió de par en par y el coordinador de las reuniones de adultos mayores, Ed Dalton, entró. Ed es el presidente jubilado de una de las aerolíneas más grandes del mundo. Le gustaba decir que coordinar las reuniones de ancianos no era nada comparado con negociar con sindicatos. No se le conocía por suavizar sus palabras.

–¿Qué fue lo que pasó? –preguntó.

–Ed, yo...

–¿Te volviste loco? –gritó.

Me rasqué los ojos, con la esperanza de que eso lo haría desaparecer.

–Si me das un minuto para...

–Voy a convocar a las personas mayores. ¿Cuándo te podemos ver?

–No estoy seguro –balbuceé. «Creo que necesito un día para comprender...»

–No mañana, hoy.

Estaba demasiado cansado como para pelear. «¿A las seis?».

–Bien –me dijo, yéndose con tanta furia como cuando había entrado.

Unos cuantos minutos después, oí pasos, seguidos de un suave toque a la puerta. Estaba seguro de que otro miembro del consejo de personas mayores había ido a darme su opinión, pero ahí estaba, gracias a Dios, Maggie. Sus ojos se anegaban con lágrimas y orgullo. «Ése fue el mejor sermón que jamás hayas dado». En ese momento de gracia furiosa, Maggie me tomó entre sus brazos y lloré.

Esa noche, seis de nuestros nueve adultos mayores fueron a mi departamento. Me había estado preparando toda la tarde para el momento en que esos hombres, a quienes amaba, desfilarían por el camino rodeado de geranios hasta mi puerta frontal como un parlamento de cuervos. Antes de que pudieran tocar el timbre, llegué a la puerta exterior y, silenciosamente, la sostuve para que entraran.

Nos sentamos en círculo en mi sala. Después de varios minutos de esperar a que alguien pusiera la pelota a rodar, hice mi mejor intento para romper el hielo. Incluso a mí me desconcertó el dejo de sarcasmo en mi voz. En cuestión de horas, mi remordimiento se había transformado en ira y petulancia. «Les ofrecería algo de tomar, pero probablemente la hora del café ya pasó». El aire en la habitación estaba tan denso de ansiedad que se podría haber cortado con un cuchillo y servido como pastel.

Ed habló primero. Como coordinador de los adultos mayores, le correspondió ser golpeador designado. «Chase, nos reunimos hace algunas horas. Decidimos que tienes que tomarte algún tiempo». Nunca lo había oído hablar en un tono tan oficioso.

–¿Cuánto tiempo? –pregunté.

–Suficiente para que resuelvas algunas cosas y... –vio a los hombres a su alrededor, sentados en la sala.

–¿Y...? –pregunté.

Ed miró fijamente el tapete en el suelo, soltó un poco de vapor a través de sus dientes. Se veía más viejo de lo que me había parecido antes. «Y suficiente tiempo para que la iglesia pueda decidir que tenemos qué hacer. Incluso antes de lo que pasó hoy, la gente se preguntaba si tendrías que irte de Putnam Hill. Nadie negará el hecho de que tú iniciaste esta iglesia. Pero has cambiado».

Después habló Peter Collins. Peter, el pediatra más querido de Thackeray, era un alma buena. Durante años me llamó cada semana para preguntar qué tal estaba en lo personal. «No has sido tú mismo por algún tiempo, Chase», dijo.

–También sabemos de tus reuniones con el Dr. McNally –interrumpió Hal Frick, hablando como la Bruja Mala del Oeste. Aparentemente, Regina, la secretaria de Mac, tenía el don de la palabra. «Tus enojos están espantando a las personas de tu equipo. Además, Dios sabe que le debes pedir una disculpa a Bill Archer», añadió. Bill y Hal eran mejores amigos. Se merecían el uno al otro.

Me desplomé en mi viejo sillón. «Entonces, ¿qué es lo que proponen?» Mi ira se estaba convirtiendo en vergüenza. Era un patrón que estaba perfeccionando.

Continuó Ed. «Queremos que te tomes una incapacidad laboral. Chip puede estar a cargo mientras no estés».

Estaba atónito. Catorce años de romperme la espalda dejados en las manos de un sujeto al que le gustaba *Una pareja de idiotas*.

–¿Y después qué? –pregunté.

–No nos adelantemos. Nos veremos cuando regreses y entonces vemos dónde estamos –respondió Ed.

El dulce Marvin Ballard. Nunca decía gran cosa en las reuniones, pero adonde iba llevaba la presencia de Dios. «Lo siento, Chase», farfulló.

Lo que se dijo después, o lo que los demás pensaban, no lo recuerdo con claridad. Era una conversación sobre cómo se me iba a seguir pagando y cómo no debía ir a la oficina ni comunicarme con miembros de la iglesia. Supuse que tenían miedo de que lanzara una campaña para conservar mi trabajo que terminara dividiendo a la iglesia. Con todo dicho y arreglado, los encaminé al a puerta. Cuando pensé que lo peor de la tormenta había pasado, Ed se volvió hacia mi y dijo: «Chase, tú y yo comenzamos juntos esta iglesia. Quizá nunca te lo he dicho, pero siempre te he querido como si fueras uno de mis propios hijos. Lo que hiciste hoy me rompió el corazón. Quizá tuve que darme cuenta de que estabas perdiendo el rumbo, pero nunca me imaginé que fueras capaz de hacer lo que hiciste hoy. Nunca me he sentido tan decepcionado de un hombre como de ti ahora mismo».

Por primera vez en 14 años de amistad, vi lágrimas en las esquinas de los ojos de Ed. Cualquier resquicio de desafío de mi parte se disolvió. Quería ser abrazado por ese hombre mientras yo suplicaba su perdón. Había una bola de demolición balanceándose fuera de control en mi corazón.

–Estoy seguro de que podrás recomponerte –concluyó. Sin esperar mi respuesta, se alejó. Estaba bien. Yo no tenía nada qué decir.

II

El peregrinar geográfico es la actuación
simbólica de un viaje interior.
THOMAS MERTON, Místicos y maestros zen.
Francisco quería que todo cantara del peregrinaje y el exilio.
THOMAS DE CELANO, San Francisco de Asís.

Después de mi reunión con los líderes de la iglesia, no salí de mi departamento por tres días. Me aterrorizaba ver a alguien de la iglesia en una tienda o en la calle. Pedía que me llevaran comida china, tomaba cantidades tóxicas de Coca Cola de dieta y veía las retransmisiones de *Todos quieren a Raymond*. Traté de contactar a Mac, pero su buzón de mensajes decía que seguía fuera de la ciudad y que no revisaría su teléfono hasta que regresara. Fue entonces cuando se me ocurrió la idea de llamar al tío Kenny.

Kenny es primo de mi madre, pero como fueron tan cercanos cuando niños, mi madre insistía en que lo llamara tío. Después de la universidad, Kenny abandonó la escuela de derecho para dedicarse a dar clases de literatura en Durango, Colorado. Cuando tenía 39 años, su esposa embarazada, Susan, regresaba a casa de visitar a su familia en Wisconsin, cuando el avión en que volaba se salió de la pista del aeropuerto en Colorado Springs. Todos los que estaban a bordo murieron al instante. La familia decía que jamás se recuperó por completo de la pérdida. La prueba estaba en el hecho de que dos años más tarde hizo lo impensable: dejó el redil del baptismo conservador y se convirtió al catolicismo. No sólo se volvió católico, llegó a ser sacerdote franciscano. Que un baptista conservador se convierta en católico es como si el papa se volviese mormón. Cuando pasan cosas como ésta, la viabilidad de largo plazo del universo termina en duda.

Quizá como mi madre ya había dejado a los baptistas conservadores, para ser parte de la Iglesia Episcopal, no compartía el horror de la familia ante la conversión de Kenny. Él se había unido a ella como compañero destacado del Club de las Ovejas Negras. Hasta que tuve unos nueve años, Kenny iba a nuestra casa todos los días festivos importantes. Esperaba sus visitas con tanto entusiasmo como cuando aguardaba la llegada de Santa Claus o del Conejo de Pascua. Su cara estaba curtida por años de estar a la intemperie bajo el sol de Colorado y sus ojos eran de un sorprendente azul cobalto. Me correteaba en el patio y me llevaba al embalse cuesta abajo de nuestra casa para pescar lobinas de boca chica. Era una de esas almas que parecían estar en la casa de Dios. Aunque era sólo un niño, sabía que había algo luminoso en él. A diferencia de mi padre, Kenny estaba sumamente consciente de la gente a su alrededor. Era exigente, a pesar de su ternura. No toleraba que hicieses algo menor a tu mejor esfuerzo, pero había una red de seguridad en su corazón en caso de que no alcanzaras los objetivos.

La mente de Kenny era tan flexible como amable su corazón. Después de convertirse en sacerdote, prosiguió sus estudios en la Pontificia Universidad Gregoriana de Roma, donde llegó a ser un director espiritual muy respetado. Tras 20 años de atender las almas de quienes llegarían a ser sacerdotes, estaba casi retirado. Ahora dividía su tiempo entre los frailes de Asís y Roma.

Desconozco que me llevó a llamarlo. Hacía años que no conversábamos a profundidad. Cuando llamé, un joven postulante del monasterio me dijo en inglés vacilante que Kenny estaba dando misa. Dos horas después, sonó el teléfono y oí esa voz familiar, llena de gracia y compasión, que recordaba desde niño. No sabía como explicar la razón que me llevó a llamar. Por algunos minutos hablamos de la familia hasta que Kenny puso los punto sobre las íes: «Chase, no me llamaste para ponernos al corriente, ¿verdad?».

–Tío Kenny, tengo problemas –dije.

Hubo un breve silencio de su lado. «¿Qué tipo de problemas?», preguntó con tranquilidad.

Suspiré. «Problemas con Dios».

–¡Ah! –dijo.

Obviamente, a un director espiritual, este tipo de confesión no le era extraña. En dos horas le dije todo. Le conté de mi colapso durante el servicio. Le dije de mi desilusión con la iglesia y sobre mi indecisión respecto a la fe. «No puedo seguir así, Kenny. Estoy seguro de que hay otro Jesús que no he conocido todavía. ¿Cómo hago para encontrarlo?».

Me detuve para tomar un respiro. Kenny aprovechó la pausa. «Ven a Italia», me dijo.

–¿Qué?

–Ven a Italia.

Estaba a punto de decir que me era imposible ir a Italia cuando me di cuenta de que por supuesto que podía ir. Los adultos mayores me habían dicho que tomara un paseo, además no podía seguir encerrado por siempre en mi departamento. «¿Estás seguro? No quiero ser una imposición».

–Será divertido. Además, sé de alguien que te puede ayudar –dijo.

–No es un exorcista, ¿verdad? –dije. «Sé que a ustedes, los católicos, les gustan los exorcistas».

–No –se rio. «No es un exorcista».

–¿Qué debo llevar? –pregunté.

–El corazón abierto, una mente abierta. Ah, también trae un diario.

–¿Un diario? ¿Por qué?

–Confía en mí –dijo.

Sería la primera de muchas veces que oiría esas palabras. Cinco días después, me fui a Italia.

Al caminar por el aeropuerto de Florencia experimenté la misma ansiedad que deben sentir los niños sin acompañante después de un largo vuelo. Siempre me había sentido mal por esos pobres niños. Algún empleado excesivamente alegre de la aerolínea, con un aparato de comunicación, generalmente los espera en la puerta, les pega una estampa de cara sonriente muy grande en el pecho y los lleva hasta sus familiares angustiados que están en el área de recolección de equipaje. Al bajar del avión, quería alguna compañía reconfortante que me ayudara a encontrar a Kenny. Incluso habría soportado la estampa de cara sonriente en mi pecho.

Afortunadamente, el aeropuerto de Florencia es pequeño. No resultó muy difícil adivinar que el hombre que estaba parado al lado de la banda del equipaje, con un hábito café con capucha y una simple cuerda amarrada alrededor de la cintura, era el tío Kenny. En la algarabía del aeropuerto, de italianos gritando y moviendo sus manos los unos hacia los otros (los italianos mueven sus manos y gritan mientras duermen), Kenny estaba parado serenamente como si fuera el eje de una misteriosa rueda de oración alrededor de la cual el mundo tenía que girar. Más allá de su atuendo, se veía como una versión mayor del vaquero que solía aparecer en los viejos anuncios de Marlboro. Delgado pero fuerte, de 1.87, su cara es sede de una concatenación de profundas líneas surcadas. Sonreí cuando lo vi fumando, con sandalias Birkenstock y con una vieja mochila de piel colgando de su hombro.

–Hola, tío Kenny –dije.

Se volvió hacia mí. Sus ojos se abrieron mucho, llenos de fuerza y gentileza. Me envolvió en su túnica y susurró a mi oído: «Hola, Chase Falson, hola».

Cuando Dios creó el lenguaje, se le olvidó incluir palabras que hicieran justicia a la deslumbrante belleza de la vieja ciudad de Florencia. Los adoquines bruñidos que pavimentan las calles cuentan historia de tiempos hace mucho olvidados. Kenny me dejó en mi hotel y después se fue a terminar algunos pendientes. Prometió regresar a recogerme para lo que sería la experiencia culinaria más memorable de mi vida. «Confía en mí», me gritó desde la ventanilla, «no has comido hasta que cenas en Florencia».

El coche de Kenny comenzó a alejarse. «¿Cuándo veo al exorcista?», grité.

–Hoy en la noche –gritó, mientras aceleraba.

Me pregunto por qué Kenny reservó el Helvetia & Bristol, uno de los hoteles más caros y lujosos de Florencia. Construido al final del siglo XIX, cada cuarto evoca recuerdos de la gloriosa historia florentina. Cuando el botones abrió la puerta de mi habitación me quedé sin aliento. Había gruesas cortinas de seda, piezas espectaculares de arte, mobiliario elegante y vista a la Catedral.

Tras desempacar y acomodar mis cosas, bajé y esperé fuera del hotel a que llegara Kenny. En la esquina próxima había un carrusel abandonado, sus luces se habían apagado hacía mucho tiempo y su música se había silenciado.

Los caballos de madera pintada estaban suspendidos en su movimiento, resistiendo sin jinetes felices. Observándolos fijamente, me preguntaba a quién llevaría Kenny a la cena. Mi «exorcista». ¿Se trataría de otro sacerdote, un terapeuta?

Mis pensamientos sobre el misterioso extraño se detuvieron de repente cuando vi que el viejo Fiat de Kenny se acercaba entre el tráfico. Varias personas en motonetas gritaban y, con sus manos, hacían gestos que nunca había visto en casa, pero no era muy difícil adivinar qué significaban. El coche se detuvo en la acera justo en frente de mí. Era como un vehículo que Mel Gibson habría conducido en *Mad Max 2*.

Entre la condición del coche y la habilidad de Kenny como conductor, llegar al restaurante fue un ejercicio de construcción de mi fe.

Kenny no exageraba sobre la comida. La cena era un adelanto del gran banquete espiritual que estaba por venir: ensalada, pan caliente, pasta en crema de vodka rosa con salmón y guisantes, servido con copiosas cantidades de vino tinto de mesa. Cuando levantaron el último platillo, sabía que todo lo que había comido antes de esa noche era apenas una pálida sombra de lo que Dios quería que fuera la comida.

–Pensé que tu amigo se uniría a nosotros para la cena. ¿Llega al postre? –pregunté.

–No, no lo creo –dijo Kenny.

Me puse un poco cabizbajo. «Entonces, ¿cuándo lo voy a conocer?», pregunté.

Kenny nos sirvió un poco más de vino en cada una de nuestras copas. «La identidad de mi amigo quizá te sorprenda».

–¿Quién es? –pregunté.

–Su nombre es Giovanni di Pietro di Bernardone.

–¿Es un franciscano?

–Sin duda es franciscano.

–Entonces, ¿quién es? –pregunté con impaciencia.

–San Francisco de Asís.

Se me cayó mi cuchara. Puedo ser un protestante evangélico, pero sé que Francisco es un santo católico del siglo XIII que es famoso por servir de sostén para bañeras de cemento para pájaros en los jardines de la gente.

–Estás bromeando, ¿verdad?

Kenny le dio un traguito a su copa de vino. «No, Francisco es...».

–¿Crees que un tipo que ha estado muerto por ocho siglos me puede ayudar?

–Se que parece una locura, pero... –dijo Kenny.

Lo vi de reojo. «Kenny, ¿no estás recomendando que me convierta en católico, ¿verdad?». No creía que el corazón baptista de mi abuela pudiera sobrevivir que otro miembro de la familia se volviese un «papista».

Kenny se rio. «No te preocupes, no me interesa convertirte», dijo mientras encendía un cigarro.

Estaba tan descentrado que no sabía cómo responder. Trataba de comprender el hecho de que había viajado hasta Europa para conocer a un hombre muerto. Me incliné hacia él. «Kenny, ¿por qué no me dijiste esto al teléfono?».

–¿Habrías venido si te lo hubiera dicho? –preguntó. Guardé silencio. «Chase, dame 30 minutos para exponerte por qué. Si no te convenzo de quedarte, te compro un boleto de primera clase para regresar a tu casa. ¿Trato hecho?».

¿Qué podía decir? Me sentía como si estuviera ahí parado con la estampa amarilla de la carita sonriente en mi pecho. «Está bien», dije.

Kenny cargó su silla alrededor de la mesa para estar más cerca de mí. «Después de que hablamos la otra noche, me di cuenta de que en la Edad Media un sacerdote pudo haber ido con alguno de sus superiores para compartir el mismo tipo de desilusión», dijo.

–Me parece difícil de creer.

–No estés tan seguro. La Edad Media fue una época de transición y la gente estaba harta de la vieja manera de seguir a Jesús.

–¿Y entonces Francisco entra en escena?

Kenny asintió. «Justamente cuando la reputación de la Iglesia y de la cristiandad estaba en su punto más bajo, llegó Francisco».

–¿Qué quieres decir con cristiandad? –quería asegurarme de que estábamos hablando de la misma cosa.

–Algunas veces usamos el término para referirnos a la parte del mundo que está habitada por cristianos. Pero en realidad, hay un sentido más estrecho en el que la cristiandad era el ideal que sirvió de inspiración por siglos –explicó Kenny. «Francisco le dio vida nuevamente y lo salvó».

Levanté mis cejas. «¿Lo *salvó*? ¿Cómo?».

Kenny le hizo señas al mesero para que nos llevara café. «Siendo completamente tonto», dijo.

–¿Cómo está eso?

–Francisco estuvo lo suficientemente loco para vivir como Jesús más de lo que nadie más lo había hecho en la historia. Con eso cambió el mundo. Hay quienes todavía lo llaman «el último cristiano», dijo.

Cruce los brazos sobre el pecho. «¿Y crees que podría hacer lo mismo hoy? ¿Salvar la iglesia?», pregunté.

–Podrías aprovechar sus consejos –dijo. «¿Cuánto tiempo me queda para defender mi caso?».

Sonreí y vi mi reloj. «Otros 26 minutos».

Kenny echo fuera de sí una columna de humo azul. «¿Qué tal voy?».

–Todavía no has hecho la conexión entre mí y Francisco.

–Esto es lo que pienso. Viajemos un poco. Visitemos los lugares donde pasaron las cosas importantes de la vida de Francisco y veamos qué pasa –dijo.

Me incliné en la mesa. «¿Eso es todo?», pregunté.

–Sí –dijo Kenny.

–¿Estoy teniendo un colapso nervioso y quieres que tome un paseo guiado por los santuarios de Francisco?

–Yo no guío paseos –dijo Kenny con indignación. «Vamos a hacer un peregrinaje».

–¿Un peregrinaje? –dije. Me imaginé a nosotros dos arrastrándonos para subir escaleras de mármol, con las rodillas ensangrentadas, con tal de llegar a tocar una estatua de una Virgen María que llora. He visto este tipo de cosas en el Discovery Channel y siempre me ha puesto los pelos de punta. «Kenny, soy protestante. Nosotros no hacemos peregrinajes».

Kenny aplastó su cigarro en el cenicero. «No sabes lo que es un verdadero peregrinaje, ¿verdad?». Pensé en lanzar una respuesta, pero me quede callado.

–La palabra *peregrinaje* proviene de la palabra latina *peregrinus*, que significa una persona que deambula por el mundo en exilio, alguien en búsqueda de una patria espiritual. Si no me equivoco eso se parece mucho a lo que tú eres en este momento.

Era difícil discutir con él sobre esa cuestión.

–Piensa en ello de esta manera –siguió. «Un peregrinaje es una manera de rezar con tus pies. Emprendes un peregrinaje porque sabes que algo falta en el interior de tu alma y la única manera de que puedes encontrarlo es yendo a lugares sagrados, lugares en que Dios se dio a conocer a otras personas. En los lugares sagrados, algo pasa en ti que tú has sido incapaz de hacer por ti mismo».

Hice una seña al mesero para pedir más café. Sabía que me arrepentiría más tarde, pero el cambio de horario comenzaba a pegarme. «Kenny, no quiero ser grosero, pero lo que estás describiendo suena un poco fantasmal».

–¿Has oído hablar a alguien sobre la «espiritualidad del lugar»?

–No.

–Cuando un peregrino visita un lugar sagrado y escucha la historia de lo que sucedió ahí, pasa algo místico. La energía espiritual del acontecimiento del pasado se libera y le habla al corazón del peregrino; particularmente cuando se combina con algún ritual.

–¿Tú crees eso? –pregunté.

–Suena poco convencional, pero, de hecho, es común. ¿Te acuerdas de la vez que te llevé al estadio de los yanquis?

–Claro que recuerdo –respondí. Se trataba de una de mis más queridas memorias de infancia. Mi padre se rehusaba a llevarme a juegos de béisbol porque pensaba que era el deporte de la plebe. Le debía a Kenny el heredarme su amor por el juego.

–¿Te acuerdas cómo te sentiste cuando entramos al estadio? ¿Lo deslumbrado que estabas cuando viste el campo y oíste el rugir de la multitud? Apuesto que recordaste la historia de un jugador famoso que dio una carrera completa que hizo que su equipo ganara, asegurando la victoria en esa serie mundial y que dijiste: «Eso pasó aquí». Después hicimos el ritual de ponernos nuestras gorras de los yanquis, comprar salchichas, ondear banderines y cantar «Llévame al juego de pelota» con todos los demás. ¿Y qué pasó? El ritual se encontró con el espacio, la energía de cada momento glorioso del estadio se liberó. Sentimos algo trascendente. De eso es de lo que estoy hablando –dijo. Moví mi cabeza. «Kenny, aprecio todo lo que quieres hacer por mí, de verdad. Sólo que no estoy seguro de que algo como eso sea para mí».

–Los cristianos han hecho peregrinajes desde el tiempo de Jesús.

–Kenny...

–¿Alguna vez has oído de Thomas Merton?

En ese momento tuvo toda atención. Merton era un monje trapense que se había vuelto famoso en los cincuenta y los sesenta por sus libros sobre la vida contemplativa. Como joven cristiano había pasado por una fase importante de Merton. «Claro, he leído algunas cosas de Merton», dije. En realidad, había leído todo lo que había escrito.

–Merton era un gran creyente de los peregrinajes y la espiritualidad de los lugares. Se sentía atraído a los espacios sagrados, no porque conociera los lugares, sino porque creía que los lugares lo conocían a él.

–Kenny, ¿no crees que esto es un tanto irracional? –pregunté.

–¿Quién dice que Dios es siempre racional?

Tres años antes, la pregunta habría desencadenado un acalorado debate intelectual. Habría puesto a C.S. Lewis o a Lee Strobel como testigos ante el jurado y me habría comido a Kenny como almuerzo. Sin embargo, dado todo lo que había pasado, me ablandé hacia la idea de que quizá Dios tenía un lado ilógico.

Kenny ladeó su cabeza. «¿Te apuntas?».

Miré al interior de los ojos de Kenny y me pregunté si podía confiar en él. ¿Cómo sabía que no se había vuelto loco desde la última vez que lo había visto? «No estoy seguro de que esto sea lo que el doctor recetó. Pero el paciente está desesperado. Me apunto».

Kenny puso su mano encima de la mía. «No te preocupes. Dios se mostrará».

Sonreí. «Entonces, ¿nos vamos de viaje?», pregunté.

–Sí.

Kenny jaló su mochila de debajo de la mesa y empezó a pasarme libros y montones de artículos.

–¿Qué es todo esto? –pregunté.

–Tarea –contestó. Vi algunos de los títulos: *San Francisco de Asís* de

G.K. Chesterton, *El camino a Asís: la biografía esencial de San Francisco* de Paul Sabatier, *Francisco de Asís: una vida revolucionaria* de Adrian House, *Francisco: un llamado a la conversión* de Duane W.H. Arnold y C. George Fry, *Francisco de Asís: el santo que quiso ser hombre* de Donal Spoto, *San Francisco de Asís: biografía* de Johannes Jørgensen.

Apilé los libros sobre la mesa. «¿Habrá un examen?», pregunté.

–Cuenta con ello.

Había tenido razón sobre el café. Cuando Kenny me dejó en el hotel, estaba completamente alterado. Demasiadas dudas y esperanzas se arremolinaban en mi cabeza. En meras 36 horas había sido elevado de los bajos rangos del protestantismo al misticismo católico. «Tiene que ser algún tipo de récord», pensé. Jalé uno de los artículos que Kenny me había dado: «San Francisco: el santo posmoderno». Como eran sólo 20 páginas, lo leí dos veces. Agarré mi diario, me senté en la orilla del alfeizar de la ventana del hotel viendo el Palacio Strozzi. Comencé a tomar notas.

Diario

El Helvetia & Bristol

Acabo de terminar de leer el artículo sobre San Francisco. La introducción cita un pasaje de *El libro de Francisco*. «Rembrandt lo pintó, Zeffirelli lo filmó, Chesterton lo elogió, Lenin murió con su nombre en la boca, Toynbee lo comparó con Jesús y con Buda, Kerouac lo escogió como el santo patrono de la Generación beat, sir Kenneth Clark lo llamó el mayor genio religioso de Europa». ¡Qué lista de admiradores!

Francisco nació en la Edad Media (c. 1181) en Asís, un pequeño pueblo en Umbría. La era en que Francisco vivió y en la que nosotros estamos hoy son muy diferentes, pero el artículo señala algunos paralelos interesantes.

Primero, Francisco vivió en la brecha entre dos periodos históricos, la Edad Media y el Prerrenacimiento (los días iniciales de la modernidad). Nosotros también vivimos en la sinapsis entre dos momentos de la historia: la modernidad y la posmodernidad. La gente en el tiempo de Francisco sentía el mismo tipo de ansiedad que proviene de vivir en una sociedad rápidamente cambiante como la que experimentamos en la actualidad. Otra semejanza entre la Edad Media y nuestro tiempo es el estado de la cristiandad. En los días de Francisco, la iglesia sufría de una hemorragia de credibilidad. Era vista como hipócrita, indigna de confianza e irrelevante. Algunos hasta se preguntaban si podría sobrevivir. El clero estaba en el centro de todo tipo de escándalos sexuales. Se había comercializado a Jesús vendiendo perdones, puestos eclesiásticos y reliquias. Los sermones eran o tan académicos que las personas no podían entenderlos o simplemente estaban prefabricados. Había canciones populares que ridiculizaban a la iglesia y el clero y que podían oírse en toda Europa. Los laicos se sentían usados por el clero profesional, como si estuvieran para servir a la institución y no a la inversa. La Iglesia también se había enredado peligrosamente en el mundo de la política y la guerra. Algunos grupos marginales empezaban a decir que no se podía ser católico y cristiano al mismo tiempo. La desilusión con respecto a la Iglesia inspiró a muchas personas a acercarse a astrólogos y otras formas alternativas de espiritualidad.

La desaparición del feudalismo y el regreso a una economía monetaria trajo consigo el surgimiento de una clase mercante y un feroz espíritu de capitalismo agresivo. La avaricia provocó disturbios en la cultura. Para coronar las cosas, los cristianos estaban en guerra con los musulmanes.

Muy bien, todo suena misteriosamente familiar.

El autor del artículo cree que Francisco es un modelo profético para la cristiandad en la posmodernidad. En medio de enormes cambios culturales, cuando la iglesia estaba al borde del colapso, Francisco inspiró a treinta mil personas a dar forma a sus vidas siguiendo la suya y con ello salvaron la cristiandad. Ochocientos años después, todavía hay gente que está tratando de imitarlo.

El escritor dice que los posmodernos son buenos para criticar las viejas formas de hacer las cosas, pero que no son muy buenos para ofrecer alternativas para el futuro. Francisco no criticó la iglesia institucional, pero tampoco se conformó con hacer Iglesia de la manera en que siempre se había hecho. Se puso por encima de esas dos alternativas y decidió que la mejor manera de revisar todo era mantener la boca cerrada y simplemente hacerlo de mejor manera. Es como Gandhi dijo: «Busca ser tú mismo el cambio que deseas ver en el mundo». El artículo se ocupa de expresar que no debemos idealizar a Francisco. Como todos los revolucionarios, tenía su lado oscuro. También dice que no debemos ver el periodo medieval de color de rosa. Lo que debemos hacer, dice el autor, es revisitar algunas de las fuentes premodernas para ayudarnos a idear el futuro del ministerio en la posmodernidad. Idea interesante.

¿Será posible que Francisco haya intuido lo que llegaría a ser el lado oscuro de la modernidad, mucho antes de que ésta floreciera? ¿Era posmoderno en espíritu antes siquiera de que la modernidad comenzara? Creo que mi curva de aprendizaje en las siguientes semanas va a ser algo escarpada.

Finalmente me estoy sintiendo cansado, pero acabo de recordar algo. Cuando estaba en la licenciatura, tuve que leer una obra de teatro de un italiano llamado Luigi Pirandello que tenía como título *Seis personajes en busca de autor*. La historia trata de esos seis personajes de una obra no terminada que súbitamente se presentan al ensayo de una obra real, buscando un autor que pueda terminar su historia. Extrañamente, así es como me siento esta noche. No es que me haya vuelto agnóstico o ateo. Simplemente siento como si ya no supiera quién es mi autor. En cierto sentido, realmente soy como Truman. Quiero ver qué hay detrás de la puerta. Quiero encontrar una nueva Iglesia y una nueva manera de seguir a Jesús. Si ir en peregrinaje con Kenny puede ayudar, que así sea. También estoy pensando en lo último que Kenny me dijo antes de alejarse del hotel. «Chase, ¿sabes de qué es de lo que tengo más ganas? Sencillamente de pasar tiempo contigo». Casi lo perdí. Ha pasado mucho tiempo desde que tuve un amigo. Esto podrá sonar autocompasivo, pero en ese punto me encuentro ahora mismo.

Dios, de verdad soy un peregrino en busca de una nueva casa espiritual. He sido echado de la vieja. Nos vemos en la mañana.

III

El único verdadero viaje de descubrimiento, la fuente de la eterna
juventud, sería no una visita a tierras extrañas,
sino tener nuevos ojos.
MARCEL PROUST

M e desperté temprano a la mañana siguiente, a las cinco, por el ruido de las personas que recogían la basura. Si el placer que la gente encuentra en su trabajo se mide por el nivel de ruido que generan, entonces estos hombres estaban en una agonía de éxtasis. Cantaban, gritaban, silbaban, hacían chocar los botes de basura. Pensaba que si me asomaba por la ventana vería una puesta en escena completa de *Rigoletto* de Verdi.

Abandoné cualquier esperanza de volverme a dormir y fui al baño para estar listo para el resto del día. En los baños europeos los viajeros desprevenidos descubren la amplitud de su estupidez. Abrí la regadera sin darme cuenta de que era una de esas disposiciones en que no está fijada permanentemente en la pared. Sin aviso, la regadera despegó como un cohete y rebotaba alrededor del baño como una cobra enojada que violentamente escupía veneno en todas direcciones mientras yo me pegaba por todas partes en la tina, en calzoncillos, tratando de dominar ese pedazo de tubería. Hasta la madre Teresa se habría reído de mí.

Al volver al hotel después de la cena, Kenny me había dado el itinerario para el siguiente día. «Te voy a recoger a las 10 en punto. Nuestra primera parada será una iglesia aquí en Florencia y después nos vamos a San Damián», dijo.

–¿Dónde está eso? –pregunté.

–Abajo de Asís –contestó.

Tenía cuatro horas antes de que Kenny llegara. Dejé mis maletas en la recepción, me eché mi mochila llena de libros al hombro y salí a las calles vacías en busca de un expreso y un lugar para leer y escribir. Aunque todavía no había abierto su local, el mesero de un café en la Plaza de la República me tuvo lastima y me hizo un expreso doble. Cerré mis ojos y aspiré el aroma terroso del brebaje oscuro antes de tomarlo. Saqué mi diario y comencé a escribir.

Diario
El Café Concerto
Francisco era un loco, pero hay algo tan genuino en él que es difícil no quererlo. Quería convertirse en caballero y luchar en las guerras regionales que frecuentemente estallaban entre Asís y las comunidades vecinas. Francisco andaba muy a la moda, su padre le proporcionaba lo último de la indumentaria caballeresca, pero desafortunadamente tenía poca habilidad. En una guerra con Perugia, Francisco fue tomado como prisionero y pasó un año en la cárcel, esperando a que su papá pagara el rescate para ser liberado. Después de su regreso a casa, Francisco estaba enfermo pero se rehusó a abandonar su sueño de buscar fama como caballero: se enlistó para ir a la batalla nuevamente. No importó mucho la regla de «me engañarás una vez, pero...». Una noche antes de la batalla, Francisco tuvo un sueño que cambió su vida. Oyó una voz que preguntaba: «¿Quién puede hacerte más bien? ¿El señor o el sirviente?». Perplejo, Francisco respondió: «El señor». La voz en su sueño respondió: «Entonces, ¿por qué abandonas al señor por el sirviente?». En un instante, Francisco supo quién hablaba y dijo: «Señor, ¿qué quieres que haga?». Y la voz dijo: «Regresa a Asís y lo que deberás hacer te será revelado después».

Entonces, Francisco dio media vuelta y se dirigió de regreso a Asís. (Un tanto avergonzado, estoy seguro. Probablemente hay pocas cosas más embarazosas que llenarse la boca de que uno se está yendo a darle su merecido a algunos, para después terminar escabulléndose y regresando al punto de partida unos cuantos días después, diciendo que Dios le dijo a uno que volviera a casa).

Poco después de regresar, Francisco fue a rezar para pedir orientación en una pequeña iglesia dedicada a San Damián. La capilla de San Damián estaba en ruinas. El techo se había vencido, las paredes estaban cuarteadas y el altar estaba cubierto de escombros. Había pocas cosas que recordaran que ese había sido una vez un floreciente espacio de rendición de culto. Las dos palabras más evidentes eran DOMUS MEA, «Mi casa», escritas sobre la puerta que llevaba a una capilla lateral y un crucifijo bizantino colgado sobre el coro y presbiterio, desde el que Jesús veía hacia abajo las ruinas del edificio. Los historiadores dicen que el ruinoso estado de San Damián era una metáfora del deterioro que padecía la Iglesia en general.

Si Francisco había ido a San Damián para oír a Dios, seguramente no salió de ahí decepcionado. Buenaventura escribió: «Ahí, mientras rezaba de rodillas frente a una pintura del Crucificado, se sintió muy reconfortado en su espíritu y sus ojos estaban llenos de lágrimas al contemplarlo en la cruz. Entonces, de repente, oyó una voz que venía de la cruz y le decía tres veces: "Francisco ve y repara mi casa. Puedes ver que se está desmoronando." Francisco estaba solo en la iglesia y estaba aterrorizado por el sonido de la voz, pero el poder de su mensaje penetró en su corazón».

Levanté la vista de mi diario y observé a un grupo de hombres viejos que alimentaban a las palomas y pensé sobre la situación de la casa de Dios en el siglo XXI. Que yo sepa, es la única cosa en el universo que no se puede componer con cinta adhesiva. Perdido en mis pensamientos, no vi a Kenny acercarse furtivamente a mí. Estuvo bien. Un franciscano conspirador es suficiente para hacer pensar a una persona.

—Es un día difícil para ser ateo, ¿verdad? —dijo en voz alta. Me tiré expreso en la parte frontal de la camisa. Él encontró muy divertida toda la escena.

—Sí, además de ser tomado por sorpresa por un fraile, es perfecto —dije, revolviendo las cosas para encontrar una servilleta.

—¿Dónde estás tus maletas? —preguntó Kenny.

—Con el conserje —respondí.

—Algunos de mis novicios irán a Asís más tarde, entonces les pediré que ellos las recojan —dijo. «¿¿Estás listo?».

Metí la pila de libros en mi mochila. «Creo que sí». «*Andiamo!*», dijo y una bandada de palomas voló hacia el cielo italiano sin nubes.

La Capilla Brancacci se ubica al interior de la iglesia de Santa María del Carmine del otro lado del río Arno. Para llegar ahí hay que cruzar el Ponte Vecchio, un maravilloso puente de piedra construido en 1345. Cada mañana, los comerciantes de los locales y puestos alineados a ambos lados del puente se preparan para el enjambre de turistas que irán a comprar su joyería cara, mientras los restauranteros se ocupan limpiar las aceras y encender los hornos para la comida de mediodía. Kenny me recogió en una motoneta Vespa de color rojo brillante que le había prestado un amigo. La manejaba como si uno de sus votos secretos fuera no usar jamás los frenos. Al principio no lograba entender por qué toda la linda gente en el puente nos veía con sorpresa. Eso fue antes de que viera el letrero que decía que los vehículos estaban prohibidos en el puente. Kenny nos condujo a través de un mar de improperios, saludando y sonriendo a turistas furiosos y comerciantes que encontraba a su paso. Para él todos eran sus amigos.

Las iglesias en Florencia son como los Starbucks en Manhattan, está por todas partes. Tristemente, no toma mucho acostumbrarse a lo numerosas que son, así como a su esplendor imponente. Sin embargo, cuando nos detuvimos en la iglesia de Santa María del Carmine, sentí que había algo extraordinario acerca de ella. Al entrar, me pareció que debía quitarme los zapatos. Las paredes llevaban el aroma del incienso de cientos de años de misas cantadas con devoción: el aire estaba preñado con lo sagrado. Cuando entré al transepto en el que se encuentra la capilla, mis ojos fueron arrebatados por la serie de pinturas que rodean el altar. Con la incertidumbre de un niño que toma un regalo de manos de un extraño, me acerqué a ellas. Un fresco llamó mi atención en particular. El fresco era de Adán y Eva momentos después de haber sido expulsados del paraíso. Las expresiones de sus caras eran atroces. Ella estaba boquiabierta, conmocionada y con horror, su remordimiento era tan palpable que me fue imposible verla por mucho tiempo.

–¿Quién pinto esto? –susurré.

Kenny se paró detrás de mí. «Masaccio, Lippi y Masolino. Siglo XIV», dijo. Me dio oportunidad de asimilar las pinturas.

–¿Qué piensas? –preguntó después de algunos minutos.

–Me siento como si estuviera dentro de la Biblia.

Kenny asintió. «Como alguien que vivía en la Edad Media», dijo.

–¿Qué quieres decir?

–Los europeos medievales vivían en un mundo completamente cristianizado. No lo podían imaginar de otra manera –dijo Kenny. Pensé en el almuerzo de ministros y en el conferencista que insistía sobre cómo el poder del secularismo estaba desterrando la cristiandad de nuestra cultura. «Los tiempos han cambiado», dije.

–Por eso nos cuesta tanto trabajo entender el periodo medieval. Si uno vivía en el siglo XIII, el sentido del tiempo estaba definido por el calendario litúrgico. Uno veía historias bíblicas por todas partes: en las pinturas, estatuas y los vitrales. En cada misa, uno oía la historia de la creación, la caída, la redención y la recreación en la liturgia. La metáfora definitiva era la gran catedral ubicada como bofetada en el centro mismo de las comunidades. La iglesia y el cristianismo eran las únicas opciones disponibles. Controlaban las historias dentro de su cultura –dijo Kenny.

–¿Qué habría pasado si uno proponía otra manera de ver las cosas? –pregunté–

–¿Cómo qué?

–Algo diferente a lo que la Iglesia Católica enseñaba.

Kenny se rio con buen humor. «Habrías sido quemado en la hoguera», dijo.

Levanté mis cejas. «Qué lindo», dije.

Kenny bajó del altar y se sentó en una banca, haciéndome señas de que me sentara junto a él. Nos sentamos contentos, dejando que la fuerza estética de los frescos nos impactara por completo. Había doce paneles, cada uno capturaba un hito de las escrituras o de la tradición católica, principalmente de la vida de Pedro: su ministerio en Jerusalén, la muerte de Ananías, Pedro curando a los enfermos con su sombra, la crianza del hijo de Teófilo, Pedro al ser liberado de prisión. Algunas escenas me eran familiares, otras Kenny me las explicó. La capilla era impresionante, pero no estaba seguro de por qué Kenny me había llevado ahí.

Reposó su brazo en la parte trasera de la banca y me miró. «Chase, ¿qué piensas respecto al catolicismo?», preguntó.

Sonreí por nerviosismo. «¿Perdón?», dije.

–Bromeas al respecto. Sólo me pregunto qué sientes –dijo.

Mi introducción al cristianismo conservador incluyó que me enseñaran que los católicos no eran realmente «salvos». Las personas decían: «Estoy tratando de que mi amigo venga a visitar la iglesia». En tono furtivo, añadirían: «Creció como católico». Era difícil deshacerme por completo de mis temores sobre el catolicismo y me sentía en conflicto a propósito de Kenny. Ahí estaba un hombre al que amaba y respetaba. Y sin embargo...

—Bueno, yo...

Kenny, el gran director espiritual, presenció cómo me tomaba mi tiempo, buscando cómo decirlo con tacto. Él sabía que me tenía en una situación sin salida.

—Estamos empezando nuestro peregrinaje en esta capilla principalmente para dejar de lado el elemento católico —dijo. «No quiero que esgrimas la cuestión católica cada vez que Francisco te desafíe sobre algo que tú no quieres ver».

Vi alrededor del lugar. «Muy bien, pero ¿por qué aquí?».

Kenny señaló los frescos. «Para mostrarte que Francisco, tú y yo compartimos la misma historia», dijo.

—Kenny, ¿no crees que hay una gran diferencia entre lo que los evangélicos y los católicos creen? —pregunté.

—Oh, ¡por favor! —dijo.

—¿Estás evadiendo mi pregunta? —pregunté.

—¿De qué quieres discutir? —dijo Kenny. «¿Sobre transubstanciación, *sola scriptura* versus magisterio, rezarle a María o cualquiera de las otras cosas por las que los católicos y los protestantes se enfrascan en discusiones sin fin? Estoy muy viejo para eso. Prefiero ser un agnóstico reverente».

Abrí mucho un ojo y entrecerré el otro. «¿Eres agnóstico?», pregunté.

—La palabra agnóstico significa «que no sabe». Hay innumerables misterios ante los que he tenido que me he tenido que enfrentar de manera reverente y humilde, y decir: «No lo sé» —dijo Kenny.

—¿Y las cosas que nos distinguen?

—También son importantes. Pero ninguna tradición tiene el monopolio de la fe. Compartir la sabiduría que cada una de nuestras tradiciones trae a la mesa crearía cristianos más completos. Francisco era un católico, un predicador evangélico callejero, un activista social radical, una persona contemplativa que dedicaba horas a la oración, un místico que tenía encuentros directos con Dios y alguien que rendía culto con todo el entusiasmo y la espontaneidad de un seguidor del pentecostalismo. Era una magnífica mezcla de todas las corrientes teológicas que tenemos hoy —dijo Kenny.

–¿Te puedes imaginar a Pat Robertson volviéndose místico? –pregunté.

Kenny se rio. «Es difícil pensarlo. Pero, después de todo, Dios inventó la comedia».

Puse mis manos en la parte trasera de la banca frente a mí y me incliné hacia delante, reposando mi barbilla en ellas. «Es extraño ver la Biblia en una pintura. Siempre había pensado en ella como una fotografía a blanco y negro», musité. «Todo en ella tenía que ser perfecto, de manera que nadie lo pusiera en duda».

–¡Qué moderno de tu parte! –dijo Kenny.

–¿Qué quieres decir?

–La perspectiva cristiana medieval recibió una golpiza durante la Ilustración. Los pensadores de la Ilustración vieron al universo menos como un misterio y más como si fuera una máquina en la que podías llegar la verdad a través del uso de la razón, no de la revelación divina. La visión cristiana del mundo que nunca antes había sido desafiada, repentinamente estaba siendo objeto de ataque. Los científicos reemplazaron a los teólogos y nació la edad de la modernidad.

–Estoy seguro de que eso molesto a algunos –dije. Me imaginaba a grupos de clérigos en sus sotanas agitando sus manos y quejándose del cambio.

–Sí, eventualmente la Iglesia se vio tan amenazada por el desdén de la modernidad que convirtieron la Biblia en una historia de las ideas más que en una historia.

–Pero ¿por qué?

–Si podían hacer que todas las doctrinas se hilaran entre sí perfecta y lógicamente, entonces eso haría que fuera más difícil desacreditar la fe. Pero la Biblia trata menos sobre ideas o doctrinas que sobre la historia de la gente y su relación, con altibajos, con Dios. Es...

–Más una pintura que una fotografía –dije.

–Correcto. No siempre es clara, no está en blanco y negro, no se puede usar como evidencia forense ante un juez, es caótica... y como el arte, está abierta múltiples interpretaciones –dijo Kenny.

–Entonces, ¿por qué dices que soy un moderno? –pregunté.

Kenny hizo una pausa. «A veces, cuando hablas de tu fe, suenas desesperado y a la defensiva, como si estuvieras asustado de que alguien fuera a llegar y derribar todo tu edificio. Eso elimina la poesía de las escrituras, más allá de seguir a Jesús. No me sorprende que te levantaras un día y te preguntaras: "¿Esto es todo?"».

–¿Quieres que comience a pensar como si estuviera viviendo en la Edad Media? –pregunté.

–¿Por qué no? Deja de pedirle a la pintura que sea una fotografía. Es la *historia* la que le da sentido a tu vida y no tienes por qué pedir perdón por escogerla –dijo Kenny. Se levantó. «Como solía decir un amigo mío, la Biblia es la historia de cómo Dios recupera lo que, de cualquier manera, siempre fue suyo. Las personas andan buscando una historia que les pueda explicar cómo es el mundo. Yo creo que están abiertas a soñar a través de la gloria de la pintura. Creo que San Francisco nos puede mostrar cómo aprovechar el momento».

Kenny vio rápidamente su reloj. «Es mejor que nos apuremos o llegaremos tarde a nuestro tren a Asís», dijo.

No estaba listo para irme tan rápido. Me di vuelta hacia los paneles silenciosos, para ver la historia de historias y, en el fondo de mí, algo parecido a la esperanza mezclada con el asombro me inundaba. Ahí, entre la multitud, oyendo a Pedro que predicaba en Jerusalén; ahí, caminando al lado de Adán y Eva que dejaban el Paraíso; ahí, parado en el trasfondo viendo la muerte de Ananías... me vi a mí mismo. Y por primera vez en años, la enormidad de la Historia se abrió como un universo en expansión en mi pecho y estuve agradecido de que fuera mía.

IV

Comienza haciendo lo necesario, después haz lo posible
y súbitamente harás lo imposible.

SAN FRANCISCO DE ASÍS

El viaje de dos horas de Florencia a Asís tomó varias horas. En el camino, llamé la atención de una mujer de 80 años, que estaba discapacitada dentalmente, quien se dio cuenta de que yo no llevaba anillo de casado. Como el 90 por ciento de las mujeres mayores de Italia, usaba zapatos negros de piel, con tacones gruesos. Sus medias, llenas de bolitas y que le llegaban a la rodilla, habían cedido a la gravedad y se amontonaban en sus tobillos.

Aparentemente no le importaba en lo más mínimo quedárseme viendo con su sonrisa sin dientes y moviendo su cabeza de arriba abajo como un muñequito cabezón para tablero de auto.

Después de unos minutos, cruzó el espacio que nos separaba hacia donde estábamos sentado y susurró algo al oído de Kenny. Sus ojos se abrieron mucho y estalló en risas.

–¿Qué dijo? –pregunté.

–Piensa que estás muy flaco y quiere que vayas a su casa para que te cocine una gran comida –contestó.

–¿Eso es todo?

–También le gustaría que conocieras a su nieta –respondió, pasando su brazo alrededor del hombro de ella y abrazándola mientras ella se reía.

Al bajarnos del tren, Kenny y yo nos subimos al camión para el viaje por la tortuosa carretera a la ciudad de Asís. De ahí, planeábamos caminar hacia la Capilla de San Damián. En el camión aprendí un importante consejo práctico de supervivencia: no hay que molestar a las monjas italianas.

Esta especie particular de persona religiosa está muy arriba en la cadena alimenticia. Han nacido para matar. Siempre pensé en las monjas como criaturas dulces, como ratoncitos, que disfrutaban interpretar viejas canciones de John Denver con guitarras ante huérfanos agradecidos. Pronto me desengañé de ese estereotipo. En nuestra siguiente parada, una manada de ellas esperaba en una formación compacta para abordar el camión. Debí darme cuenta de que algo malo iba a pasar porque en cuanto la gente local las vio por las ventanillas, comenzó a moverse, a murmurar cosas negativas, como vacas nerviosas que se amontonan en campo abierto, anticipando una desagradable borrasca. Cuando las puertas se abrieron, las monjas embistieron.

Resueltas a desafiar las leyes de la física y hacerse espacio, las asesinas vestidas con hábitos negros entraron rápidamente blandiendo sus codos filosos, golpeando con sus reglas y antes de que pudiera sonreír y decir «Buongiorno», dos de ellas me dieron caderazos que me azotaron en contra de la ventanilla con tal crueldad desenfrenada que pensé que perdería lo conciencia. A su favor debo decir que estas viejas muchachas lograron crear un espacio para sí mismas. Ya no me sorprende que la Iglesia Católica sea uno de los terratenientes más grandes del mundo.

Después de tantas emociones, miré a través del parabrisas y tuve un primer vistazo de la ciudad que algunos llaman «una partícula del paraíso». Asís, envuelta en niebla como una novia vestida de blanco.

Encaramada en la pendiente oeste del Monte Subasio, Asís se derrama gentilmente en los huertos de olivos que están a sus pies, llevando al verde Valle de Spoleto que está hacia abajo. Arriba de la ciudad, la fortaleza Rocca Maggiore parece vigilar la ciudad de Perugia, su antigua némesis, a 25 kilómetros en el llano abierto.

–Asís en un lugar pequeño –dijo Kenny a mis espaldas. «Es de apenas poco más de un kilómetro de largo por alrededor de medio kilómetro de ancho. En la época medieval, los pueblos eran construidos en las laderas de las colinas para que fuera difícil atacarlos. Al estar cuesta arriba, se podía disparar flechas y derramar aceite hirviente sobre los enemigos. Y había una segunda razón para construir en las laderas que tenía que ver con la sanidad y la gravedad. Hasta en la antigüedad, la gente se daba cuenta de que "tú sabes qué" se va cuesta abajo».

–Es increíble –dije, sin poder quitar mis ojos de la ciudad.

–Asís ha tenido muchos ápodos a través de los siglos. Mi favorito es «la puerta a Dios», dijo Kenny

–Espero que sea cierto –dije, sin dirigirme a alguien en particular.

Comparada con la Iglesia de Santa María del Carmine y la Capilla Brancacci, la Capilla de San Damián era decepcionante. No estoy seguro de qué es lo que esperaba, pero ciertamente algo que valiera más la pena que un simple oratorio con una sencilla fachada de piedra. Quiero decir, ¡por favor!, ¿no fue ese el lugar en que Jesús le dijo a alguien que cambiara el mundo? Esperaba algo con un poco más de vitalidad. Cualquiera que haya viajado a San Antonio a ver El Álamo probablemente sabe de qué estoy hablando.

–Aquí fue donde todo empezó –Kenny cerró sus ojos y suspiró. Afortunadamente no se dio cuenta de mi falta de entusiasmo porque su ensoñación fue rota por una gran voz resonante. Desde el pórtico que llevaba a la capilla lateral, un fraile rotundo llegó abarcando el espacio con los brazos abiertos para saludar. Dado su considerable tamaño, me dio miedo que no alcanzara a poner los frenos a tiempo para evitar atropellarnos. Estoy seguro que quedar paralizado por un exuberante fraile sería un segmento interesante para el programa Dateline NBC.

–¡Hermano Kenny! –gritó. Detrás de él, dos hombres que caminaban con algo más de dignidad también se nos aproximaron.

–Bernard, ¿qué haces aquí? Y mira, Peter también está contigo –gritó Kenny. Bernard alzó a Kenny del suelo y le dio vueltas como si fuera una muñeca de trapo. Nunca había vistos a sacerdotes saludándose de esa manera. Es demasiado para digerir de una sola vez.

El hermano Bernard había ingresado a la orden franciscana al mismo tiempo que Kenny. Era un niño de una granja de Nebraska, con manos del tamaño de balones. Estaba a mitad de sus cincuenta y, a pesar de su peso, se veía más joven. Kenny y él se habían vuelto amigos rápidamente al hacer su doctorado en la Pontificia Universidad Gregoriana de Roma. (En las universidades católicas, no se refieren a los doctorados en teología como doctor, sino como STD, Sacrae Theologiae Doctor. Es un nombre desafortunado para un grado académico porque en inglés STD es *sexually transmited disease*, es decir enfermedad venérea. En países angloparlantes, debe ser difícil para la madre de alguien decir: «Estoy orgullosa de mi hijo. Fue al seminario y salió con STD».). El área de especialización de Bernard eran los estudios sobre la paz.

El hermano Pedro, tres o cuatro años mayor que yo, había sido sacerdote de la Iglesia Episcopal, pero se había convertido al catolicismo después de una disputa común con su obispo. Era de Charlottesville, Virginia, y hablaba con la refinada cadencia de un sureño adinerado. Estaba completando su investigación doctoral en estudios litúrgicos en el Pontificio Ateneo de San Anselmo. Kenny había sido su mentor durante su noviciado, al principio de su primer año.

Eran un dúo bastante peculiar. Bernard se parecía al personaje de Hagrid, el gigantesco jardinero de las películas de Harry Potter, pero sin la barba. Peter era menos efusivo y parecía disfrutar desempeñando el papel de amaestrador amable de Bernard. Considerablemente guapo, yo estaba seguro de que su decisión de vivir en el celibato era muy decepcionante para muchas mujeres en todo el continente europeo.

El tercer fraile desafiaba las primeras impresiones. Al principio parecía que, a propósito, estaba parado detrás del corpulento Bernard para no llamar la atención. Esto no era muy difícil de logar. Si alguien hubiera estacionado un camión escolar detrás del hermano Bernard, habría sido difícil verlo.

Hubo un silencio incómodo mientras Kenny esperaba que le presentaran al diminuto extraño que estaba detrás de la sombre de Bernard, entonces Bernard recordó sus modales: «Perdón, perdón», exclamó, respirando fuertemente (de la manera en que es capaz un hombre que tiene cuando menos 35 kilos de sobrepeso). Se hizo a un lado. «Él es el hermano Thomas».

Lentamente, Thomas emergió de detrás de Bernard y me apresó un sentimiento que jamás había sentido antes y que no supongo tener de nuevo. Era un hombre pequeño, quizá de 1.62 metros y unos 45 kilos. Era difícil adivinar su edad, pero si alguien me hubiera puesto una pistola en la cabeza, yo habría dicho que estaba al principio de sus años setenta. No era ni atractivo ni desagradable, si un amigo hubiera pedido después que se le describiera, sería muy difícil encontrar las palabras correctas. En vez de eso, uno describiría la sensación que Thomas le dio, porque esa habría sido casi la única cosa que uno podría recordar de él. La sabiduría había colocado sus tesoros en el alma de Thomas para que los custodiara. Cuando él veía a alguien a los ojos, uno juraría que lo había conocido a uno desde que estaba en el vientre de su madre. Me estrechó la mano. «Hola», dijo. Por un momento nadie más estuvo ahí, sólo él y yo. Él estaba sondeando lo más profundo de mí y podía sentirlo en mis manos.

–Hermano Thomas, ¿nos hemos conocido antes? –preguntó Kenny.

Bernard comenzó. «El hermano Thomas tiene una historia asombrosa. Él...».

–Deja que él mismo cuente su historia –dijo Peter, dándole un codazo gentilmente a Bernard.

–Hace años era profesor de espiritualidad franciscana y después fui eremita –dijo Thomas. Tenía acento como si fuera del Este de Europa.

–¿Pero ahora tu vocación ha cambiado? –dijo Kenny educadamente.

Thomas asintió. «La gente seguía yendo a mi ermita en las montañas para que escuchara sus confesiones. Pronto el Señor Jesús me dijo que ser un eremita era demasiado fácil», dijo, con las comisuras de su boca amenazando con terminar en una sonrisa. «Me dijo que me convirtiera en un confesor viajante. Es por eso que he venido a Asís», respondió Thomas.

Los ojos de Kenny se abrieron mucho. «Ya sé quién eres», dijo. «He oído historias sobre ti».

Bernard no se pudo contener. «Thomas ha caminado por todo el mundo visitando santuarios y oyendo las confesiones de los peregrinos».

–Me da mucho gusto conocerte –dijo Kenny, estrechando la mano de Thomas.

–*Grazie* –respondió Thomas.

Todavía sosteniendo la mano de Thomas, Kenny lo contempló pensativamente y sin hablar por algunos segundos y después dijo: «Cuando el estudiante está listo aparece el maestro. Quizá le puedes contar a mi sobrino la historia de Francisco y la Capilla de San Damián».

–Claro –dijo Thomas, haciendo señas para que lo siguiéramos.

El interior de la Capilla de San Damián es tan poco notable como su exterior. Oscura y mohosa, la luz del santuario brilla de arriba abajo por un rosetón localizado en el centro en la pared trasera. Guiándonos al interior de la capilla, el hermano Thomas caminó por el pasillo central entre las austeras bancas de madera y señaló la colorida y detallada cruz bizantina que estaba suspendida con cables sobre los escalones del altar.

–Después de escuchar la voz de Jesús desde la cruz, a Francisco se le ocurrió un plan para reparar esta capilla. Iría de puesta en puerta pidiendo a la gente que cada quién donara una piedra para reconstruir las paredes. Todos creyeron que estaba loco –dijo Thomas, señalando el templo. «Pero no pasó mucho tiempo antes de que el sueño de Francisco inspirara a todos para contribuir. Llegó tanta ayuda que Francisco pudo renovar tres iglesias».

Cualquier preconcepción que yo había tenido sobre que los eremitas eran reservados estaba desapareciendo. Con cada enunciado que pronunciaba, Thomas se animaba más y más. Caminaba de un lado a otro, su discurso se volvía musical y extático. Al poco tiempo casi estaba cantando y bailando la historia de San Damián. Todos parecíamos hipnotizados con la historia, sonriendo por el creciente entusiasmo de Thomas.

Pero había algo en ese recuento que para mí no tenía sentido. «Si Francisco provenía de una familia rica, ¿por qué no simplemente pagó él mismo por la reconstrucción? ¿No habría sido eso más fácil?», pregunté.

–¡Sí, sí, sí! Claro, esa fue su primera idea también –dijo Thomas. «Francisco robó la vestimenta más cara de su padre y la vendió, junto con su caballo, para pagar por el trabajo. Su padre, Pietro, estaba furioso de que su hijo comenzara a ser un motivo de vergüenza, por eso lo arrastró ante el obispo local para que fuera castigado por robo.

«Todos en el pueblo salieron a ver la confrontación entre Francisco y su padre. Pietro le dijo al obispo Guido que Francisco debería ser desterrado de Asís, pero a la mitad de su discurso la multitud dejó de escucharlo y se puso a ver a Francisco. Silenciosamente se había quitado toda su ropa y estaba de pie, solo, completamente desnudo».

Como susurrando con intensidad, Thomas continuó: «Francisco caminó hacia su padre y puso su ropa a sus pies, junto con el bolso de dinero que había recibido a cambio de la vestimenta y el caballo y dijo: "Hasta hoy, siempre llamé a Pietro di Bernardone mi padre. De ahora en adelante, tengo un sólo padre, mi Padre celestial." El obispo se conmovió tanto ante la santidad de Francisco que se levantó, tomó su propio manto y envolvió con él los hombros del joven. Así fue como Francisco dijo adiós a su codicioso padre y a su vida de joven aristócrata. En ese momento Francisco se convirtió en un verdadero seguidor de nuestro Señor Jesús. Se había quitado lo viejo y se había puesto lo nuevo. El camello había pasado por el ojo de la aguja».

El lugar se llenó de silencio. Thomas se quedó congelado como un avejentado actor shakespeariano herido y en su último gesto dramático, pero viéndose energizado por contarnos la historia.

—¡Bravo! ¡Bien dicho, hermano Thomas! —tronó Bernard.

—Sólo dejaste fuera un punto crucial —dijo el tío Kenny desde dos bancas detrás de nosotros. «Francisco pensaba, en ese momento, que Jesús simplemente quería que reconstruyera algunas capillas. Todavía no se daba cuenta de todo lo demás que se esperaba de él».

—Por supuesto —contestó Thomas, reprochándose no haber recordado contar una parte tan importante de la historia. Me vio y dijo: «Resulta que Jesús le estaba pidiendo a Francisco que compusiera la cristiandad».

—Vaya encargo —dije.

Thomas me miró inquisitivamente. El sarcasmo es difícil de entender para los puros de corazón. «Sí, pero lo logró», dijo.

Nos quedamos en la capilla y oímos al hermano Thomas contarnos historia tras historia sobre Francisco. Saqué mi diario y traté de anotar los puntos más importantes, esperando que después podría regresar a esas notas y escribir más detalles. El sol menguante de Umbría que entraba por las ventanas nos indicó que había pasado más tiempo del que nos habíamos percatado. Habíamos estado con el hermano Thomas por casi tres horas.

—Vengan con nosotros a pasar la noche al monasterio de San Rufino. Tienen comida deliciosa y todavía mejor cava —dijo el hermano Pedro, cerrando un ojo. Fui el último en salir de la capilla. Mi impresión del lugar había cambiado. *La verdadera santidad con mucha frecuencia está envuelta en lo sencillo*, pensé. Me detuve y me volví para ver una última vez la figura de Jesús en la cruz. Traté de imaginar cómo Francisco se fue, cortando cualquier lazo con su padre para seguir al Señor.

Mientras íbamos hacia San Rufino, rezaba para que el monasterio fuera justo como el de *El nombre de la rosa* de Umberto Eco. No sufrí una decepción. Construido a principios del siglo XIV, el monasterio era un elaborado laberinto de pasillos, recámaras, comedores, capillas, bibliotecas y misteriosas habitaciones cerradas para evitar que ojos no deseados se posaron sobre sus secretos. Experimenté un delicioso terror de que si me quedaba atrás de mis acompañantes, me perdería y sólo sería encontrado años después, caminando por el laberinto de pasadizos oscuros, con una larga barba, balbuceando de manera incoherente.

Nos reunimos para la cena en una veranda de piedra con vistas sin interrupciones de los Apeninos. Velas parpadeantes metidas en botellas de vino recubiertas con cera despedían arcos de luz contra la pared que estaba detrás de nosotros. Ya para entonces me había dado cuenta de que en Italia no me encontraría con una comida que no me gustara. Ésta fue sencilla pero sublime. De entrada, ensalada caprese (rodajas de queso mozzarella encima de suculentos jitomates con albahaca y pimienta fresca molida), seguido de carbonara (pasta, huevo y pancetta, revueltos en aceite de olivo y pimienta) y una canasta de peras y manzanas como postre. La cena fue un milagro de degustación, pero yo veía una y otra vez mi reloj esperando un momento oportuno para retirarme. Bernard, Peter y Kenny se mantenían el uno a los otros en estallidos de risa conforme se contaban de nuevo viejas historias y se actualizaban sobre todo lo que habían estado haciendo desde la última vez que se vieron. Thomas comía en silencio, sonreía y a veces asentía. Parecía que disfrutaba ver cómo sus viejos amigos volvían a caminar sobre viejos recuerdos juntos. Por mi parte, estaba ansioso de escribir en mi diario.

Me levanté y estiré. «Si no les importa, caballeros, creo que voy a dar una caminata y me voy a acostar», dije.

–Sí, sí, sí, nos vemos en la mañana –dijo Bernard, con su barbilla reluciente de aceite de olivo. Tomé mi mochila y bajé por las escaleras traseras del monasterio. Anduve buscando hasta que encontré un claro en el pasto que estuviese suficientemente en lo alto de la colina para poder ver tanto el monasterio como la ciudad de Perugia. Saqué mi diario y comencé a escribir a la luz de una luna casi llena de Umbría.

Diario

Viendo el llano de Umbría

Querido Francisco:

Si alguien me hubiera dicho hace un mes que esta noche estaría sentado bajo una luna llena, viendo el valle de Umbría y escribiendo una carta a un santo de 800 años de edad, habría dicho que estaban locos. Y, sin embargo, aquí estoy. Desde el momento en que llegué me he sentido en las nubes, como si hubiera tomado mucho Sudafed. Otras veces ha sido como una experiencia de estar fuera de mi cuerpo, como si estuviera en un cine, viendo una película que alguien más escribió sobre mi vida. Kenny me ha recordado que he pasado por muchas cosas en las últimas semanas, ¡si no es que en los últimos dos años! Necesito, por tanto, ser paciente conmigo mismo. Rezo para que pronto esté más consciente de lo que está pasando a mi alrededor.

Ya leí una biografía y varios artículos sobre ti y todavía no sé si eres un genio, un lunático o ambos. Kenny dice que eras el amante de Dios y que las personas que están enamoradas merecen el perdón por sus excesos. Salir a la calle a pedir a la gente que donara piedras para San Damián fue brillante. Es una magnífica metáfora. Me he estado preguntando qué piedras necesitará la iglesia hoy para llegar a la gente posmoderna. Hará falta que cada uno traiga su propia piedra única para que salga bien.

Me he estado preguntado también si al principio Dios no estaba sólo reconstruyendo San Damián, sino también a ti, Francisco. Tu vida de juerguista ya no era satisfactoria. Todos tus sueños de conseguir gloria como caballero se estrellaron contra un muro. Tu relación con tu padre se terminó. ¿No era tu mundo interno un edificio que había terminado en malas condiciones? Así es como yo me siento. Solía saber cuál era mi «piedra». Era un predicador, el tipo de persona que piensa «Tengo todo bajo control». Ahora no sé qué es lo que aporto, si es que aporto algo.

Me encontré una gran historia sobre ti, llamada *Florecillas de San Francisco*. Espero poder leerla con linterna. «Un día, cuando San Francisco estaba regresando del bosque, donde había estado rezando y estaba cerca del límite del bosque, el hermano Masseo fue a verlo porque quería saber qué tan humilde era y le dijo a San Francisco, medio en broma: "¿Por qué tras de ti? "¿Por qué tras de ti? "¿Por qué tras de ti?".

«San Francisco respondió: "¿Qué quieres decir, hermano Masseo?"»

«A lo que me refiero es, ¿por qué todo el mundo parece estar tras de ti y todos parecen querer verte y oírte y obedecerte? No eres un hombre guapo. No tienes erudición ni sabiduría. No eres noble. Entonces, ¿por qué todo mundo te corretea?».

Esa es la pregunta que tengo para ti, Francisco. ¿Por qué tras de ti? ¿Qué buscaba el mundo al ir tras de ti?

Haciendo una pausa, oí suaves pasos sobre el pasto húmedo. Me volví y ahí estaba el hermano Thomas caminando hacia mí. Sin decir ni una palabra, se sentó a mi lado, cruzando las piernas. Es difícil estar en silencio con alguien a quien uno no conoce muy bien. En vez de esto, nos ponemos a hablar para cubrir nuestra desnudez interna. Una vez oí decir al ganador del Premio Nobel, y sobreviviente del Holocausto, Elie Wiesel, que en el arte de escribir no importaban tanto en las palabras en la página sino los pequeños espacios entre ellas. Creo que eso quiere decir que lo que importa no es tanto lo que el autor dice sino lo que escoge no decir. Nunca conocí a alguien cuya falta de movimiento fuera tan poderosamente expresiva como la de Thomas. La gracia emanaba de él y llevaba consigo consolación, pero también causaba desconcierto. Era crudo y gentil, salvaje y maternal.

—Me cuenta tu tío que viniste a Asís en un peregrinaje –dijo.

—Todavía no sé lo que eso significa –respondí.

Thomas se encogió de hombros. «No te preocupes. Dios te lo dirá cuando él esté listo».

Nos sentamos y oímos los sonidos de la noche, el batir de los insectos cuyos nombres no sé, pero cuyas canciones siempre me conmueven.

—¿Ya abandonaste a tu padre? –me preguntó Thomas.

—¿Qué? –me destemplé por lo directo que fue.

—¿Ya le has dicho adiós a tu padre?

Vi en dirección contraria a él. «No estoy seguro de entender a qué te refieres», dije.

—Creo que lo sabes –respondió Thomas.

En circunstancias normales, probablemente le habría dicho que se ocupara de sus propios asuntos. Pero como la mujer con una hemorragia de los Evangelios, anhelaba tocar el borde del manto de alguien y verter al menos una parte de mi historia a sus pies.

Vi entre mis rodillas y le di voz a mi dolor. «Él odiaba que yo quisiera ser ministro. Él quería que trabajara en un banco de inversiones, como él. Todo lo que le importaba era el dinero y lo que podía comprar con él: club campestre, casas grandes y coches caros. A sus ojos, esas eran las cosas que hacían grande a un hombre».

Alguien había oprimido el botón de rebobinar y la puerta de un cuarto lleno de obsesionantes recuerdos se abrió por completo. Todas las peleas que tuvimos muy tarde en la noche, el desprecio en los ojos de mi padre cuando trataba de explicarle mis sueños y los ridículos intentos de mi madre de hacer las paces entre nosotros.

–¿Quieres ser un profeta? –preguntó Thomas.

–¿Qué quieres decir?

–A donde quiera que voy, conozco gente, vieja y joven, de todas partes del mundo y me cuentan sus vidas, sus relaciones, sus familias disfuncionales, sus adicciones, vergüenzas, culpas, fracasos. Jamás lograrás hablar a sus almas, a menos que digas la verdad sobre tus propias heridas. Tienes que decirles lo que Jesús ha llegado a significar para ti en los momentos de tus decepciones y pérdidas. Todo ministerio comienza en los límites confusos de tu propio dolor –dijo.

No pude entender de qué manera Thomas sabía sobre la relación con mi padre, mucho menos que era yo un pastor que trataba de engañar a la gente haciéndola creer que era perfecto.

Por años sentí la presión de convencer a todos de que tenía las habilidades de liderazgo de Bill Hybels, los dones pastorales de Henri Nouwen y la agudeza para la enseñanza de John Stott. Jamás creí que compartir mi quebranto con las personas fuera una técnica efectiva para el crecimiento de una Iglesia.

–¿Conoces la historia del rabino Zusya? –preguntó Thomas. «Era un maestro jasídico que vivió en siglo XVIII. Un día dijo: "Cuando llegue a la corte celestial, Dios no me va a preguntar '¿Por qué no fuiste Moisés?'. En vez de eso me preguntará: '¿Por qué no fuiste Zusya?'"».

Thomas dejó que ese pensamiento se quedara en el aire por un momento y después continuó. «Las iglesias deben ser lugares a los que la gente venga a oír la historia de Dios y a contar sus propias historias. Así es como podemos encontrar cómo ambas se relacionan. Di tu historia con todas sus sombras y niebla, para que las personas puedan entender la suya. Quieren a un líder que sea auténtico, alguien que esté tratando de resolver cómo seguir al Señor Jesús en la alegría y los escombros de la vida. Te necesitan a ti, no a Moisés», dijo.

—No creo estar listo para eso –respondí.

Thomas agarró mi mano y la apretó. «Lo estarás», dijo. «¿Sabes cómo describió Simon Tugwell el franciscanismo? Lo llamó "la vida radicalmente desprotegida", una vida cruciforme», dijo, abriendo sus brazos en imitación de la posición de Jesús en la cruz. «Es vivir peligrosamente abiertos, revelando todo lo que genuinamente somos y recibiendo todo el dolor y la pena que el mundo dará de vuelta.

Es ser real porque conocemos lo Real. ¿Quizá vivir una vida desprotegida es lo que significa ser cristiano?».

Reflexioné sobre esta hábil descripción de un seguidor de Jesús.

—¿Qué tan «real» era Francisco? –pregunté.

—No había nada falso en él. Él sólo sabía cómo ser Francisco, nada más ni nada menos. ¿Conoces a Santo Tomás de Aquino?

—No bien. Leí algo de la *Summa Theologica* en el seminario, pero fue hace mucho tiempo.

—De Aquino habló sobre dos tipos de almas: la *magna animi* y la *pusilla animi*. La *magna animi* es el alma abierta que tiene espacio para que el mundo entre y encontrar a Jesús. Es de donde viene la palabra *magnanimous*. La *pusilla animi* es como eso –dijo apuntando a la oscura silueta de la Rocca Maggiore lejos en la ladera, la fortaleza que la gente de Asís solía correr cuando eran atacados por alguna ciudad vecina.

—La *pusilla animi* es el corazón acorazado. Es el espíritu resguardado y receloso que está cerrado al mundo. Ve todo y a todos como amenazas potenciales, como enemigos esperando para atacar. Crea un escudo ante el mundo. Es de donde viene la palabra...

—*Pusillanimous* –dije. «Alguien que es temeroso».

—Precisamente. Francisco tenía el *magna animi*. Eso es lo que cada cristiano y cada Iglesia debería ser.

No estoy seguro por cuánto tiempo estuve sentado en silencio navegando a través del mar de palabras de Thomas.

–Thomas, ¿por qué siento como si Dios me hubiera abandonado? – pregunté finalmente.

Thomas suspiró. «A veces la presencia de Dios se siente más fuerte en su ausencia». Se paró y sacudió el pasto de su túnica. «¿Seguimos hablando mañana?».

–Sí, mañana –respondí.

El aire nocturno se había vuelto más frío. Como llevaba sólo una camiseta y sandalias, empecé a sentir frío. Pensaba que Thomas se había ido, así es que me sobresalté cuando llegó a mis espaldas para amablemente poner su chamarra alrededor de mi cuerpo tembloroso. Se alejó, el sonido de sus pasos se oscurecía por el sonido de la brisa que se movía en el valle y en los árboles de la ladera.

Mientras pensaba en mi padre, las luces de Perugia se convirtieron en estrellas borrosas a la distancia, como las de *La noche estrellada* de Van Gogh.

–Buenas noches, papá –dije. Era un comienzo.

V

El mundo está cargado con la magnificencia de Dios.
GERARD MANLEY HOPKINS

Pasé la mañana respondiendo correos electrónicos en un café internet de la Via San Paolo. Había unos 25 mensajes de personas de Putnam Hill. Siete u ocho de ellos empezaban con las palabras: «Esta mañana en mi tiempo de silencio, el Señor me dijo que compartiera esto contigo...». Cuando otro cristiano dice que quiere «compartir» algo contigo, con frecuencia significa que está a punto de volarte la cabeza. Leer esos mensajes era como ser golpeado brutalmente con un objeto desafilado.

El resto, no obstante, eran conmovedores. Gente que me decía que me extrañaba, que rezaban por mí y cuánto querían que regresara. Me sorprendió que no me estuviera castigando a mí mismo por los mensajes dolorosamente críticos. Generalmente me obsesiono con cosas como esa. En vez de eso, dejé el café con una extraña sensación de abandono. Sabía que no duraría, pero en ese momento la disfruté.

Regresé al monasterio y encontré a todos sentados en la sala, leyendo los periódicos.

–*Buongiorno* –dije.

Kenny se quito sus lentes de lectura e hizo a un lado su periódico. «Ya regresaste. ¿Cómo estuvo todo?», preguntó con preocupación.

–Ahí voy –respondí.

Kenny se paró y se estiró. «Tenemos qué hacer algo. ¿Quieres venir con nosotros?».

–Claro. ¿A dónde vamos?

–Bernard tiene que comprar algunos suministros para el altar.

–¿En dónde «compra» uno suministros para un altar? –pregunté.

–En un proveedor de equipamiento para clérigos, por supuesto –respondió Bernard.

Me reí e hice un gesto con las manos. «¡Por supuesto!».

La tienda estaba al final del camino a la Porta San Giacomo. Caminar al interior de ese lugar fue como entrar a un universo paralelo: como un encuentro entre Jesús y Rodeo Drive. Mucho me era poco conocido, pero todo lo que tenía que hacer era señalar algo y alguien intervenía con el nombre adecuado.

Maniquíes vestidos como cardenales con capas carmesí, estanterías repletas de cálices de oro y vinajeras de cristal para vino y agua, bastidores de lino blanco, sobrepellices, mangas estriadas, báculos para obispos, pilas de misales de oración, placas brillantes del papa Benedicto, camisas clericales con collarín, miles de variedades de rosarios, latas llenas con hostias de comunión selladas herméticamente al lado de botes de incienso y carbón para incensarios. No dejaba de pensar: ¿Qué pasa en estas tiendas? ¿Los sacerdotes se paran en frente del espejo y le preguntan al vendedor: «Me hace ver muy gordo esta casulla»? O: «No estoy muy seguro de que esta sotana combine con mis zapatos. ¿Qué te parece?». Me imaginaba al sastre del local corriendo de un lado a otro con la cinta métrica colgando alrededor del cuello, aplaudiendo y gritando: «Usen accesorios, señores, usen accesorios». Si me hubiese quedado más tiempo, mi quijada habría sufrido de irritación al rozar con la alfombra.

–¿Habías estado en un lugar como éste? –preguntó Peter.

–No –susurré. «¿Venden indulgencias para llevar?».

Peter me tomo del codo. «Nos tenemos que ir, antes de que nos metas en problemas».

Bernard estaba en la fila para pagar, mientras Kenny y Thomas seguían en la sección de libros, estudiando una nueva edición de *La nube del no saber*. «Caballeros, creo que es hora de que vayamos a otro lugar», anunció Peter con su mejor pronunciación lenta y cansina de Virginia. Se asomó con atención por la ventana de la tienda. «Es demasiado bello afuera como para que nosotros nos quedemos hurgando adentro», dijo.

–¿Qué tal si hacemos un día de campo en Carceri? –propuso Bernard.

–¿Puedes pensar en algo que no sea tu estómago? –preguntó Peter.

–No –respondió Bernard.

Thomas y Kenny se reunieron con nosotros en la puerta de entrada. «¿Viene con nosotros, hermano Thomas?», preguntó Peter.

–Quizá –dijo Thomas. «Tengo un amigo en la ermita. Quizá lo llame y los alcancemos después».

–No será difícil encontrarnos. Vengan amigos: al comedor por alimentos –dijo Peter, sosteniendo la puerta para que pasáramos.

El Carceri es un alejado retiro acurrucado en lo alto del Monte Subasio. Francisco y los primeros frailes iban ahí para pasar largos periodos de soledad y oración. La palabra *carceri* en realidad significa «cárcel», pero es un tanto un nombre equivocado. Si algo se puede decir es que Carceri es encantador. Hay una ermita del siglo XV en la cima, en donde se puede visitar la gruta de San Francisco, la cueva en la que, por semanas, Francisco durmió con una almohada de piedra.

Nos tomó dos horas escalar hasta la cima. La carretera ondulante estaba delimitada con olivos y retamas amarillas. Normalmente la excursión toma sólo una hora, pero hacer que Bernard llegara a la montaña fue como empujar un piano de cola a lo más alto del Monte Everest. Cada diez minutos tuvo que detenerse, sentarse y, por supuesto, comer algo. Ir de excursionismo con Pavarotti habría sido más fácil.

Había muchos grupos de turistas y peregrinos caminando por ahí, por eso Kenny nos llevó fuera de lo más conocido a una loma cubierta de hierba de la que, aparentemente, pocas personas sabían. El aire estaba ligeramente perfumado con romero y lavanda. Peter dispuso un festín de sándwiches rellenos de carnes italianas, provolone y, por supuesto, más vino de Umbría.

–Hay que usar el «Cántico» para dar las gracias –sugirió Bernard. Me sorprendió que quisiera hacer algo que retardara la comida.

–Es un poco largo –respondió Peter, pero Bernard ya había empezado.

Omnipotente, altísimo, bondadoso Señor,

tuyas son la alabanza, la gloria y el honor;

tan sólo tú eres digno de toda bendición,

y nunca es digno el hombre de hacer de ti mención.

Loado seas por toda criatura, mi Señor,

y en especial loado por el hermano sol,

que alumbra, y abre el día, y es bello en su esplendor,

y lleva por los cielos noticia de su autor.

Y por la hermana luna, de blanca luz menor,

y las estrellas claras, que tu poder creó,

tan limpias, tan hermosas, tan vivas como son,

y brillan en los cielos: ¡loado, mi Señor!

Y por la hermana agua, preciosa en su candor,

que es útil, casta, humilde: ¡loado, mi Señor!

Por el hermano fuego, que alumbra al irse el sol,

y es fuerte, hermoso, alegre: ¡loado mi Señor!

Y por la hermana tierra, que es toda bendición,

la hermana madre tierra, que da en toda ocasión

las hierbas y los frutos y flores de color,

y nos sustenta y rige: ¡loado, mi Señor!

Y por los que perdonan y aguantan por tu amor

los males corporales y la tribulación:

¡felices los que sufren en paz con el dolor,

porque les llega el tiempo de la consolación!

Y por la hermana muerte: ¡loado, mi Señor!

Ningún viviente escapa de su persecución;

¡ay si en pecado grave sorprende al pecador!

¡Dichosos los que cumplen la voluntad de Dios!

¡No probarán la muerte de la condenación!

Servidle con ternura y humilde corazón.

Agradeced sus dones, cantad su creación.

Las criaturas todas, load a mi Señor. Amén[2].

Sin detenerse un solo momento, los tres se persignaron y dijeron «Amén» y comenzaron a pasar la comida.

–¡Amigos! ¿Qué fue eso? –pregunté.

–¿Qué fue eso? –respondió Kenny, viendo a su alrededor para ver si algo se acercaba furtivamente.

–¡Esa oración!

Kenny se relajó y sonrió. «No es una oración. Es un poema de Francisco que se llama "Cántico de las criaturas". ¿No lo estudiaste en la universidad?», preguntó.

–No –dije, sintiéndome tonto. Había hecho mi licenciatura en literatura inglesa y lenguas romances.

Kenny se rio. «Quizá quieras que te regresen tu dinero. Es el poema más antiguo que tenemos en italiano vulgar. Bernard, ¿me pasas la mantequilla?».

Serví el Sagrantino di Montefalco en vasos de plástico y los fui pasando. El vino tinto de profundo color granada despedía un delicado aroma de violetas y rosas. «Entonces, ¿Francisco era un gran amante de la naturaleza?», pregunté.

–Más que sólo un amante de la naturaleza, él fue el primer cristiano

---

[2]San Francisco de Asís, "Cántico de las criaturas". Versión de León Felipe.

ambientalista –dijo Kenny.

–Es el santo patrono de la ecología –añadió Bernard.

–Kenny, claramente Francisco era más que un ambientalista –insistió Peter. «Era un místico de la naturaleza. Su amor por la tierra le dio forma a toda su teología», dijo Peter viéndome. «Los franciscanos lo llaman una "espiritualidad de la creación"», dijo.

–¿Espiritualidad de la creación? –pregunté.

–¿Has oído de la «Gran cadena del ser»? –preguntó Kenny.

–¿Es el nombre de una banda?

Los tres se carcajearon. «Difícilmente», dijo Kenny. La Gran cadena del ser fue algo que los teólogos conocidos como escolásticos formularon en la Edad Media. Dijeron que el mundo era un lugar en que Dios, los ángeles, los seres humanos, los animales, las plantas, las rocas, los minerales, el agua y la tierra misma estaban todos ligados entre sí. Cada parte de la cadena se relacionaba de manera interdependiente con todo lo demás de una manera lógica y juntos daban testimonio de la gloria y belleza de Dios.

Bernard se metió en la conversación. «Veían todo como una sinfonía cósmica».

–Francisco llevó la idea un paso más adelante –dijo Peter. «Él creía que todo lo que vemos en la creación es un reflejo del Creador, como nosotros mismos. Francisco trataba todo en la creación como si fuera un hermano o una hermana, porque todos tenemos el mismo Padre».

–Entonces, Francisco era un *panteísta* –dije.

–No –gritaron al unísono.

–Un panteísta es alguien que cree que Dios y la creación son una y la misma cosa. Francisco no rendía culto a Dios *como* creación, el adoraba a Dios *a través* de la creación. Para él, el mundo era un libro de oración en el que el *Vestigia Dei*, las huellas de Dios, podían ser encontradas por todas partes –dijo Peter.

Bernard alcanzó su mochila y sacó un libro deteriorado por la intemperie. «Ésta es la primera biografía escrita sobre San Francisco, *Vida segunda de San Francisco* de Tomás de Celano. La llevo a todas partes», dijo, pasando las hojas frenéticamente en busca de algo. Hasta que su dedo índice se detuvo. «Uno de mis pasajes favoritos»:

En una obra cualquiera canta al Artífice de todas; cuanto descubre en las hechuras, lo refiere al Hacedor. Se goza en todas las obras de las manos del Señor, y a través de tantos espectáculos de encanto intuye la razón y la causa que les da vida. En las hermosas reconoce al Hermosísimo; cuanto hay de bueno le grita «El que nos ha hecho es el mejor». Por las huellas impresas en las cosas sigue dondequiera al Amado, hace con todas una escala por la que sube hasta el trono.

Acogebraza todas las cosas con indecible afectuosa devoción y les habla del Señor y las exhorta a alabarlo. Deja que los candiles, las lámparas y las candelas se consuman por sí, no queriendo apagar con su mano la claridad, que le era símbolo de la luz eterna. Anda con respeto sobre las piedras, por consideración al que se llama Piedra...

A los hermanos que hacen leña prohíbe cortar del todo el árbol, para que le quede la posibilidad de echar brotes. Manda al hortelano que deje a la orilla del huerto franjas sin cultivar, para que a su tiempo el verdor de las hierbas y la belleza de las flores pregonen la hermosura del Padre de todas las cosas[3].

Bernard terminó de leer y nos sentamos en silencio. La niebla que más temprano había cubierto el valle había desaparecido. Visibles desde la distancia, había acres y acres y girasoles, cuyas floraciones giraban para seguir el calor del sol durante el curso del día. Los llanos de Spoleto se extendían como un fecundo océano verde. ¿Cómo podría haber visto Francisco este paisaje de una manera diferente a como yo lo hice? Me senté de rodillas. «Muy bien, pero que tal las historias de Francisco hablándole a los animales. ¿Las creen?», pregunté. En cada libro que había leído sobre Francisco había historias que yo inmediatamente relegaba a la pila de mitos del Dr. Dolittle.

Por ejemplo, en una historia, Francisco salva un pueblo llamado Gubbio de un lobo, negociando un tratado de paz entre ellos. Años después, cuan-

---

[3]Tomás de Celano, *Vida segunda de San Francisco*, Biblioteca de Autores Cristianos, Madrid, 1998. Traducción de Leonardo Celaya o.f.m.

do murió el lobo, el pueblo entero estuvo de luto porque se habían vuelto muy buenos amigos. En otra historia, Francisco amaestra tórtolas en Siena que terminan volviéndose miembros de su orden. Quitaba gusanos de los caminos para que la gente no los pisara y convencía a los grillos para que rezaran con él. En otro cuento, un grupo de ovejas que pastaban en un campo, lo vieron caminando por una carretera y corrieron para recibir su bendición. De pronto, todos estaban cantando himnos con él. Y también está la historia del cordero que Francisco adopta y que hacía una genuflexión cada vez que tomaban la comunión.

He conocido gente que dice que pueden hablar con los animales. La mayoría de esas personas estaban bajo fuerte medicación.

–¿Conoces la historia de Francisco predicándole a los pájaros? –preguntó Peter.

Me recosté en mi costado y apoyé mi cabeza en mi mano. «No puedo decir que haya oído esa», dije.

Peter señaló hacia abajo en la colina. «La gente dice que sucedió al lado de aquel puente. Un día, cuando Francisco caminaba con un grupo de frailes, vio una enorme bandada de cuervos y palomas al pie de una gran encina. Cuando corrió a saludarlos, ninguno de ellos voló, ellos sabían que Francisco era diferente del resto de las personas. Entonces los convocó y comenzó a predicarles».

Peter se paró, aclaró la garganta e interpretó una versión improvisada del sermón de Francisco. «Hermanos pájaros, hagan el esfuerzo de siempre adorar al Creador. Él los vistió con plumas y les dio alas para volar por el reino del aire. Recuerden que no importa lo que pase, Él proveerá, incluso si ustedes no saben cómo sembrar o cosechar. Por eso, no se preocupen por nada y regocíjense en Aquel que los creó».

–Entonces, ¿qué pasó? –pregunté, algo impresionado.

–Los pájaros estiraron sus cuellos, batieron sus alas con placer y se negaron a irse hasta que Francisco los bendijera con el signo de la cruz a cada uno de ellos –dijo Peter. Tan pronto Peter terminó, Bernard intervino y leyó de nuevo de su libro:

Adquirida la simplicidad, no por naturaleza, sino por gracia, culpábase a sí mismo de negligencia por haber omitido hasta entonces la predicación a las aves, toda vez que habían escuchado la palabra de Dios con tanta veneración. A partir, pues, de este día, comenzó a exhortar con todo empeño a todas las aves, a todos los animales y a todos los reptiles, e incluso a todas las criaturas insensibles, a que loasen y amasen al Creador, ya que comprobaba a diario la obediencia de todos ellos al invocar el nombre del Salvador[4].

–¿Y tú crees todo esto? –pregunté.

Kenny sonrió y se encogió de hombros. «Jesús instruyó a los discípulos a "ir por todo el mundo y proclamar el evangelio a toda la creación". Francisco entendió esas palabras literalmente. Francisco sabía que no era sólo la gente la que esperaba con ansiedad que la creación se liberara del pecado, sino toda Gran cadena del ser también. La mayoría de los cristianos no piensan sobre eso. Creemos que somos el centro del universo y que Dios está interesado únicamente en salvar almas individuales y no a la creación completa. El estado de la Tierra sería muy diferente hoy si los cristianos vieran el mundo como lo hizo Francisco».

–¿Es decir que lo habríamos cuidado de mejor manera? –pregunté.

Kenny asintió. «A diferencia de los animales, nosotros estamos dotados de razón. Ese regalo viene acompañado de la responsabilidad, dada por Dios, de cuidar la creación. Es muy obvio que, en este tema, los cristianos han dejado caer el balón de una manera brutal. ¿Conoces la parte del Génesis que dice que el Señor nos puso en el jardín para trabajar y cuidar de él?».

–Claro –dije.

Kenny continuó: «La palabra *trabajo* en hebreo es *abad* y significa "servir", ser un sirviente de la creación. La palabra para "cuidar" es *shamar* e implica vigilancia, cuidado y preservación. Hemos permitido que el sentido de estos textos se haya retorcido para que *dominio* llegara a significar "dominación" y *administración* llegara a significar "explotación". El problema es que, una vez que dañas o quiebras uno solo de los eslabones de la Gran cadena del ser, el todo se ve negativamente afectado. Todo en el mundo natural está conectado entre sí. Si lo destruimos, nos destruimos a nosotros mismos».

[4]Tomás de Celano, *Vida primera de San Francisco*, Biblioteca de Autores Cristianos, Madrid, 1998. Traducción de Francisco Sagüés o.f.m.

-Es triste que hemos convertido esto en sólo una cuestión política porque, en realidad, es también teológica -añadió Peter. «Si seguimos permitiendo la destrucción de la Tierra, de hecho estamos trabajando en contra de los propósitos de Jesús, que murió por ella».

Estaba avergonzado sobre lo poco que había pensado acerca de la relación entre la fe y el mundo natural. No habría colocado el preocuparse por el ambiente en la misma categoría que el rendir testimonio o el estudio de la Biblia.

Peter vio su reloj y se levantó de inmediato. «Bernard, Kenny... Vean la hora», dijo.

Bernard se paró y sacudió las migas de su hábito. «Ay...», dijo.

-Tenemos sólo 30 minutos para regresar a la oración nocturna -dijo Kenny.

Los tres hombres entraron en acción, metiendo las sobras del día de campo en sus mochilas. Se apresuraron como si un distante centinela hubiera hecho sonar la alarma advirtiendo que había hordas de paganos a punto de llegar a la ciudad.

Mientras los tres revolvían todo para guardarlo, noté que Thomas bajaba desde los escalones de la ermita con otro fraile. Ambos recogían sus hábitos para no tropezarse. Thomas se veía muy orgulloso.

-¿Lograron hacerlo? -le dijo Peter a Thomas mientras se acercaba.

-¿Hacer qué? -pregunté.

Thomas y su acompañante se unieron a nuestro grupo y Thomas me sonrió. «Convencí al guardia de la ermita de que te deje pasar la noche en una de las cuevas», me dijo.

Tragué saliva. «¿Quieres que pase una noche en una de estas cuevas?».

Thomas asintió con entusiasmo. «Sí», dijo.

Amo estar al aire libre, pero nunca he sido fanático de la idea de acampar. Mi idea de algo rústico es quedarme en un hotel sin HBO. «Hermano Thomas, realmente valoro la oferta, pero...».

-¿Puedo hablar con nuestro amigo en privado por un momento? -interrumpió Peter, poniéndome su brazo alrededor de mis hombros.

-Claro -dijeron. Bernard rápidamente involucró a Thomas y al otro fraile en una conversación, mientras Peter me jalaba para estar fuera del alcance del oído de Thomas.

–Que den permiso para que alguien pase la noche en una de las cuevas de Carceri es algo *muy, muy* importante. No entiendo cómo hizo Thomas para lograrlo. Si te niegas a quedarte aquí esta noche, Thomas estará devastado –dijo.

Lo último que quería hacer en el mundo era lastimar a Thomas.

–Está bien –dije resignadamente.

Hubo alivio en la cara de Peter. «Gracias», dijo, después aclaró su garganta para atraer la atención de todos. «Chase dice que será un honor pasar la noche en las cuevas. Está muy agradecido, ¿verdad, Chase?», dijo, picándome en la espalda.

–Definitivamente –dije, sonriendo.

Thomas había sido precavido. Había traído mi mochila con mi diario, Biblia y otros cuantos libros en ella. Antes de partir, el guardia me dio una vela, algo de pan y queso y un termo con agua y un mantel viejo que olía a humedad. «Esto debe ser suficiente hasta mañana en la mañana», dijo alegre en un inglés con un acento muy marcado. «Déjame enseñarte la cueva».

Al despedirse, Thomas, Bernard, Peter y Kenny prometieron que a la mañana siguiente, lo primero que harían sería ir a recogerme. Peter me guiñó un ojo e hizo señas levantando ambos pulgares.

La cueva era más pequeña de lo que esperaba. Las paredes eran brillantes y suaves, como si las manos de millones de peregrinos las hubiesen acariciado por cientos de años. Junte las mías a las suyas, tanteando la fría piedra en busca de un lugar en dónde dormir más tarde. Frente a una de las paredes había un lugar para arrodillarse y en la pared colgaba un crucifijo, fijado a la cueva con un largo clavo oxidado y un viejo alambre doblado. Después de extender mi cobija, me senté a la entrada de la cueva. Vi cuesta abajo hacia el valle que se extendía ante mí, bañado en las últimas sombras del ocaso y pensé en lo lejos que estaba Putnam Hill. Los árboles silbaban y yo oía los suaves sonidos de las criaturas que hurgaban alrededor en busca de refugio.

Oí el llamado de un búho vigilante ante la noche que se acercaba, esperando que alguna pequeña presa se asomara, revelando nidos en lugares escondidos.

–¿Cómo llegué aquí? –le pregunté a la luna. La pregunta tenía poco que ver con mi ubicación. Sólo las hojas me contestaron. Las estrellas estaban saliendo y el cielo era tan oscuro que podía ver la Vía Láctea, algo que no había visto desde niño cuando estuve en los campamentos de verano de Maine. El cielo de Thackeray generalmente estaba demasiado lleno de la luz ambiental de la ciudad de Nueva York para ver completo el pabellón del cielo que la mayor parte de Umbría daba por hecho.

Hacía mucho tiempo desde que me había podido sentar por última vez en silencio con el cosmos. Al principio fue inquietante, si no es que aterrorizante, estar a solas con Él, pero después de un rato caí en los brazos de la quietud. Saqué mi diario, un pedacito de lápiz y me acurruqué al lado de mi vela, esperando poder bosquejar el valle a partir de la memoria. Traté de capturar árboles de mora, robles nudosos y campos relucientes. Finalmente, había oscurecido, levanté mi pluma y me puse a escribir.

Diario
El Carceri
Querido Francisco:
Recuerdo que cuando era niño jugaba en el bosque detrás de nuestra casa. ¿Cuántas veces fui a ese lugar cuando Papá estaba pasando por una de sus malas épocas? Un día, cuando tenía alrededor de 11 años, caminaba por ahí cuando, de repente, sentí que no estaba solo. Dios estaba en todas partes y supe que Él entendía lo solo y desesperado que estaba. En ese lugar silvestre, oí su voz diciéndome que un día las cosas estarían mejor. ¿Cuándo perdí esa habilidad infantil de oír a Dios en la naturaleza?

Kenny me hizo leer a un teólogo franciscano del siglo XIII, llamado Dun Scoto, que dice que no debemos hablar de las cosas del orden creado en términos universales, sino sólo en términos específicos. Dios no creó tanto especies o géneros como expresiones individuales de sí mismo. Como dice Richard Rohr, todas las cosas están dotadas de «mismidad». Es este roble, este tulipán, este perro. Un Dios único y personal hace una creación personal y única. Quizá si viéramos la particularidad de todas las cosas vivientes, trataríamos al mundo con mayor reverencia y asombro. En su mismidad, todas las cosas creadas son sagradas de una manera única. Tú creías eso.

Hay un gran himno, del principio del siglo pasado, que se llama «El mundo es de mi Dios». Lo cantamos en mi iglesia todo el tiempo. Creo que te gustaría.

> El mundo es de mi Dios,
> su eterna posesión;
> eleva a Dios su dulce voz
> la entera creación.
> El mundo es de mi Dios,
> trae paz así pensar,
> Él hizo el sol y el arrebol,
> la tierra, cielo y mar.
>
> El mundo es de mi Dios,
> escucho alegre son
> del ruiseñor que a su Señor
> eleva su canción.
> El mundo es de mi Dios
> y en todo mi redor
> las flores mil, con voz sutil,
> declaran fiel su amor[5].

¿Puedes creer que canté este himno un millón de veces y ni una sola vez me detuve a pensar en lo que estaba diciendo?

No sé cuánto tiempo estuve sentado fuera de la cueva. Batallando para oír la música de las esferas que Francisco había oído. Eventualmente, sacudí mi cabeza y me reí de mí mismo. ¿Cómo podía creer que era posible manufacturar un acontecimiento por el que los místicos y antiguos eremitas esperaban a lo largo de toda la experiencia de su vida? Al vivir en desiertos o en campos yer-

---

[5] Iglesia Nacional Presbiteriana de México, *Sólo a Dios la gloria: Himnario Evangélico Presbiteriano*, Publicaciones El Faro, Corea, 2011. Traducción de J. Pablo Simón.

mos, llamaban a Dios, «¡Una sola vez! ¡Una sola vez! ¡Una sola vez Déjame oírte al menos una vez!», mientras que yo me siento fuera de una gruta por veinte minutos rezando: «¡Ahora mismo! ¡Ahora mismo!».

Recogí mi mochila y guardé mi diario y la pluma. Al fondo de la mochila sentí un pedazo de papel doblado. Era una nota escrita en la parte trasera de un recibo. No había explicación, sólo dos notas garabateadas a la carrera:

Queridísimo Chase:
«El mejor remedio para quienes tienen miedo, se sienten solos o desdichados, es salir al aire libre, a algún lugar donde puedan estar en silencio, solos con el cielo, la naturaleza y Dios. Porque sólo entonces puede uno sentir que todo es como debe ser y que Dios quiere ver feliz a la gente, entre la simple belleza de la naturaleza.» Ana Frank
«Si un hombre se adentra en los bosques por amor a ellos cada mañana, está en peligro de ser considerado un vago; pero si gasta su día completo especulando, cortando esos mismos bosques, y haciendo que la tierra se quede calva antes de tiempo, es un estimado y emprendedor ciudadano.[6]» Henry David Thoreau
Pax et Bonum,
Thomas

Me levanté, tomé mi vela y regresé a la cueva. Aunque estaba exhausto, me arrodillé en frente del crucifijo y las palabras de David, en el Salmo 8, llegaron a mí: Cuando contemplo tus cielos, obra de tus dedos, la luna y las estrellas que allí fijaste, me pregunto: ¿Qué es el ser humano, para que lo tomes en cuenta?[7]. Y mi alma se regocijó.

---

[6] Henry David Thoreau, Una vida sin principios, Ediciones Godot, Argentina, 2017. Traducción de Macarena Solís.
[7] Santa Biblia, NVI.

VI

El cristiano del mañana será un místico, alguien que ha experimentado algo, o no será nada.

KARL RAHNER

Dos días después, de vuelta en el monasterio de Asís, Kenny hizo un anuncio sorpresivo: iba a ir a Siena a un retiro con aspirantes interesados en unirse a la orden.

–¿Qué quieres decir con que vas a Siena? ¿Qué se supone que voy a hacer mientras no estés? –pregunté, viendo a través de la ventana de su dormitorio las negras nubes de lluvia que fruncían el horizonte.

Kenny había puesto ropa en una maleta de piel la noche anterior. «No te preocupes, estás en buenas manos. Bernard no dejará que tengas hambre». Que yo no hubiera dormido bien la noche anterior no estaba ayudando. Había estado dando de vueltas en la cama por horas, reviviendo mi última reunión con el consejo de adultos mayores una y otra vez hasta que el sol entró por las tablillas de mis persianas de madera. No me podía quitar de encima las últimas palabras que Ed me había dicho. Abrieron una fisura en mi alma, por la que estaban corriendo torrentes de vergüenza y culpa.

Kenny puso su mano en mi hombro. «Métete en el ritmo del monasterio. Ve a las oraciones de la mañana y de la noche, camina por los jardines, conoce a los demás. Regresaré en pocos días y estoy seguro de que tendrás todo tipo de cosas interesantes qué reportar».

Miraba con atención por las cortinas de la ventana del comedor cuando el coche de Kenny se alejaba por el suelo de grava y desaparecía al llegar a una curva pronunciada de la calle. Me acordé de cuando mis padres me dejaban en el campamento de verano cada año. Me quedaba parado en el estacionamiento viendo cómo las luces traseras de su coche desaparecían a la distancia, deseando estar en cualquier lugar, menos en donde estaba.

Al final, me resigné ante la partida de Kenny y aproveché al máximo los dos días lluviosos que siguieron. Pasé muchas horas sentado en la biblioteca del monasterio, leyendo libros sobre la vida de San Francisco y acerca de espiritualidad franciscana. Pensándolo dos veces, *biblioteca* puede ser un término demasiado grandilocuente. El cuarto tenía cuatro libreros hechos de conglomerado y llenos de tomos mohosos sobre Francisco. Un fraile nonagenario, cuyo aliento podría haber derribado a la distancia a zopilotes que rondaran el cadáver de algún animal, se encargaba de la colección con mucho celo. El viejo hermano Leo pasaba la mayor parte del día sentado en una silla desvencijada y nada suave, estratégicamente colocada entre la chimenea y los libreros. A pesar de sus facultades menguantes, el hermano Leo era reverenciado por los otros frailes, así como por todos en Asís. Durante la guerra, escondió a niños judíos en la cava del monasterio y pasó tres años en un campo de concentración por ello. El guardián del monasterio había decidido que la responsabilidad de bibliotecario de la casa era una manera honorable para que el hermano Leo pasara sus años otoñales. Siempre que regresaba por algún nuevo libro, tenía que interpretar lo que afectivamente llamé «la letanía del hermano Leo».

–Aquí estoy hermano Leo –anunciaba cuando entraba a la biblioteca.

–¿Trajiste el otro libro de vuelta? –preguntaba él bruscamente, los ojos medio cerrados.

–Sí, hermano Leo –decía yo, con respeto.

–El mundo está lleno de ladrones –murmuraba irritado. Y con eso él se deslizaba de nuevo al éter de los sueños de un hombre viejo.

Cada mañana evitaba tener que ir a misa, a pesar de que el hermano Bernard hacía todo lo que podía para persuadirme de que me les uniera. Sabiendo que él vendría a mi dormitorio a invitarme, el jueves me escabullí y fui a dar una larga caminata,. El viernes fingí un dolor de estómago. El sábado desarrollé un tumor cerebral. Se me estaban acabando las excusas.

No estoy seguro de qué es lo que me espantaba. No es que sea yo parte de un grupo radical y marginal que piense que la Iglesia Católica es apóstata. Creo que me daba nervios el no saber todas las señales de la liturgia y terminar pareciendo un idiota. Me aterrorizaba que cuando la congregación se levantara, yo me sentara. Que cuando se sentaran, me levantara. Cuando se hincaran, probablemente yo me recostaría. Sobre todo, me daba miedo que al confundirme con la coreografía probaría ante todos que era un fuereño, un sentimiento que ya conocía demasiado bien. Todavía más importante, aún no estaba listo para la iglesia, católica o de otro tipo. Aunque las iglesias medievales no podrían ser más diferentes a Putnam Hill, no quería volver a visitar un espacio de Dios que me recordara mi caída de la gracia. Me daba miedo que si iba a la iglesia, Dios me pondría debajo del microscopio y le diría al mundo que algo me faltaba.

Sin embargo, la mañana del domingo no hubo escapatoria. Bernard me arrinconó en el pasillo del baño y me preguntó si me uniría a él y los otros para tomar un expreso en una cafetería en Corso Mazzini. Como tonto dije que por supuesto, sin detenerme a considerar qué día era y que los frailes probablemente tenían una cita pendiente con Dios. Supe que estaba en problemas cuando Bernard aceleró y pasó volando al lado del café donde se suponía que nos detendríamos. Vi por la ventanilla trasera cómo se iban desvaneciendo a la distancia las mesitas de la banqueta.

–¿A dónde vamos? –pregunté.

–No te preocupes, dijo Bernard. Oí como los seguros de las puertas se cerraban y a Peter riendo nerviosamente. Thomas nunca dijo ni una sola palabra.

Tres manzanas adelante, nos estacionamos en frente de la Chiesa Nuova. Los italianos veneran esta iglesia porque fue construida encima de la casa en la que Francisco nació y donde su padre tenía su tienda de ropa.

Bernard apagó el motor y me vio a través del espejo retrovisor: ¿Listo para la iglesia?

Antes de que pudiera expresar mi objeción, Bernard se bajó del coche y me ofreció su brazo. Había sido emboscado por un grupo de frailes.

La iglesia estaba llena de fieles. Algunos veían con adoración el crucifijo en lo alto del altar, otros pasaban las cuentas de sus rosarios entre sus dedos, con los ojos cerrados y los labios moviéndose silenciosamente en oración. En una esquina al frente, a la izquierda de la capilla había un espacio labrado en la pared con una estatua de tamaño natural de Francisco tras las barras, rezando de rodillas.

–Ahí fue donde su padre encerró a Francisco después de su conversión –susurró Peter.

–¿Era como la versión medieval de estar castigado sin salir? –pregunté.

Peter sacudió su cabeza y me escoltó a una banca. «Algo así», dijo.

A pesar de mis reservas, la misa resultó ser bella, llena de pompa y solemnidad. El sacerdote entró en medio de una nube de incienso y su voz resonaba en el santuario con una autoridad que no sonaba de esta tierra. Peter me pasó un folleto con la traducción al inglés de la liturgia para que yo pudiera seguir lo que ocurría. Mucho de la liturgia de la misa, llena de formalismos, oraciones y credos, tiene más de mil años de edad. Me conmovió que gente alrededor del planeta estuviera ofreciendo las mismas palabras, expresando las mismas verdades en diferentes idiomas y husos horarios ese mismo día. Algunos estaban cantando la liturgia en grandes catedrales en Europa y algunos bajo exuberantes copas de árboles en África. Algunos estaban interpretando la liturgia en iglesias secretas en casas en China y otros en capillas de cárceles. Dónde o cómo se estaba diciendo no importaba. Lo que era significativo era la solidaridad.

Mientras ponderaba las caras de los santos que se retrataban en los vitrales y en los frescos que adornaban las paredes y los techos de la nave y el ábside, caí en la cuenta de que la liturgia me estaba conectando con una larga y antigua línea de creyentes. El tiempo se había vuelto irrelevante. Éramos un coro, una comunión de santos. Yo era simplemente un alma en la larga procesión de los creyentes que se va abriendo camino en el escarpado paisaje de la historia. Yo era apropiadamente pequeño.

Cuando llegó el momento de que las persona fueran hacia delante a recibir la eucaristía, fui presa del pánico.

–Ven con nosotros –susurró Bernard.

Miré al suelo y sacudí mi cabeza. «No puedo», dije.

–Nadie sabrá que no eres católico –dijo.

–No es eso –contesté. Vi a mi alrededor para ver si alguien estaba oyendo nuestra conversación. «Simplemente ahora no puedo», dije.

Bernard me vio con ternura y palmeó mi hombro. Cuando había llegado al final de la banca, se volvió para ver si yo había cambiado de parecer y después se mezcló con la corriente de fieles que se encaminaban al altar. Súbitamente un sentimiento que había tratado de mantener a distancia encontró un resquicio en mis disminuidas defensas y se apoderó de mí. Toda mi vida me había sentido como un niño parado afuera de una casa, con la nariz pegada a una ventana, viendo un cuarto lleno de gente que está en una fiesta. Pasé años haciendo señas y tocando a la ventana, esperando que finalmente me vieran y me invitaran a pasar. Había ido a una universidad importante, me había esforzado en ser un «buen cristiano» y era el pastor fundador de una iglesia exitosa. ¿Qué más quería el mundo de mí antes de ofrecerme el regalo de pertenecer? La soledad se envolvió alrededor de mi pecho tan fuerte que apenas y podía respirar. La caída de mi alma en la desesperación se hizo más lenta por el sonido de las suelas de zapato duras que se arrastraban en el piso de mármol detrás de mí. Me volví y vi a un hombre muy viejo que era ayudado en su camino hacia el altar por dos personas, "probablemente sus nietos", pensé. Me recordó a un soldado herido de muerte que llevan a cuestas para sacarlo del campo de batalla y llevarlo a una estación de primeros auxilios. En el barandal del altar, se quitó de encima, con impaciencia, las manos de sus cuidadores y cayó en sus rodillas, acezando por un poco de aire. Cuando extendió sus manos para recibir la comunión, de pura tristeza, mi corazón se hizo trizas. Estaba hambriento, cojeaba y ansiaba a Dios como ese viejo hombre. Sin embargo, mi sentido de no merecerlo me fijó a la banca. Aunque Jesús me llamaba y yo lo anhelaba, no podía ir al barandal del altar, de la misma manera en que no podía brincar de un lado a otro del Gran Cañón. Incliné mi cabeza y lloré hasta que me dolieron las costillas.

Bernard y Thomas regresaron y se sentaron a cada uno de mis costados. No hicieron ningún intento por aliviar mi pena. Eran centinelas, cuidando mi soledad.

Mi limpié los ojos y me di cuenta que Peter no había regresado de recibir la comunión. Vi hacia la orilla de la banca y ahí estaba, yacía postrado en el suelo frente al altar, sus brazos estaban estirados, su cara vuelta hacia un lado, serena y en oración.

Vi a Bernard. «¿Pasa algo malo?», pregunté.

Bernard se levantó un poco para alcanzar a dar un vistazo de lo que yo veía. Se encogió de hombros. «No», dijo.

Me sentí aliviado cuando el cura dijo que la misa había terminado y que podíamos ir en paz. Bernard, Thomas y yo caminamos por el pasillo de la iglesia hacia la luz del final de la mañana de Umbría, dejando atrás a Peter. Tuve dificultad para encontrar las palabras para explicar por qué había perdido la compostura, pero cuando estaba a punto de hablar, Thomas apretó mi mano. «No te preocupes, a veces las oraciones son húmedas», dijo.

Riposo es para los italianos lo que la *siesta* es para los españoles. Cada día, entre la una y las cuatro de la tarde, ciudades enteras se detienen para que la gente pueda ir a sus casas a hacer su principal comida del día con sus familias y descansar antes de regresar a trabajar. Entonces, ¿que los italianos no son una potencia? Después de dos semanas en Italia decidí que si tuviera la opción de tomar una siesta cada tarde o gobernar el mundo, escogería la primera.

Después de mi experiencia en la iglesia, necesitaba un *riposo* de manera muy aguda. Estaba en sueño MOR cuando oí que tocaban a mi puerta. Era la hermana Raisa, una anciana monja de Letonia que trabajaba en el comedor.

–Señor Falcon, hay una llamada telefónica para usted –dijo. La hermana Raisa es dulce, pero no es buena para los nombres. Salí al pasillo, me lamí las manos y traté de aplacar mi pelo. Unas cuantas puertas más allá vi a Kenny parado a la puerta de su cuarto haciendo malabares con su equipaje, paquetes y llaves.

Me detuve para abrazarlo. «¡Hombre, me da tanto gusto verte! ¿Acabas de regresar ¿Qué tal estuvo Siena?», pregunté.

Kenny sonrió. «Maravilloso. ¿Dijeron que te estaban llamando?», preguntó, sonrió y asintió hacia la hermana Raisa.

Fruncí el ceño. «Sí. Espero que no sea la guillotina que va cayendo».

Finalmente, Kenny abrió su puerta, no sin antes tirar la mitad de sus cosas. «Aquí voy a estar si me necesitas, ¿sale?», dijo, al inclinarse para recoger sus cosas.

Seguí a la hermana Raisa por las escaleras hacia la oficina principal del monasterio. Caminamos a través del área de recepción al estudio del guardián. En cada superficie plana había pilas de libros y papeles.

–Parece que los católicos necesitan un santo patrono del desorden –dije, al tropezarme con una pila de libros. La hermana Raisa sonrió de una manera un tanto confusa y apuntó hacia el teléfono que estaba en el escritorio del guardián.

–Diga.

–Chase, habla Maggie.

Me dejé caer en la silla del escritorio. «¿Maggie? ¿Cómo conseguiste este numero?».

–Fui a la oficina de la iglesia y me lo dio Lucinda, la recepcionista – contestó. En algún momento Maggie había pasado seis meses en la cárcel por posesión de drogas y no era santo de la devoción de Lucinda.

–¿Cómo estás? –preguntó.

–No sabría por dónde empezar –dije. «¿Cómo va todo por allá en casa?».

–Hoy predicó Chip –dijo.

Giré en la silla y miré hacia fuera por la ventana, detrás del escritorio. «¿Qué tal le fue?», pregunté.

–Creo que lo sacó de somossermones.com –respondió. Casi podía ver el gesto de desesperación de Maggie. «Chase, estoy usando una tarjeta telefónica, entonces sólo tengo pocos minutos. La iglesia está asustada», dijo.

Mi corazón latió más lentamente. «¿Qué está pasando?», pregunté

–Hay un grupo de gente que dice que no se te debe permitir regresar, pase lo que pase. Y hay otro grupo que piensa que mereces otra oportunidad y quiere que estés aquí lo más pronto posible. La hora del café fue un baño de sangre –dijo Maggie.

–Oh, no –dije. «¿Qué más?».

–Si hablas con Chip, cuídate la espalda.

–¿Qué?

–Quiere tu trabajo –dijo Maggie.

Me enderecé en la silla. «Estás bromeando, ¿verdad?».

–No lo descartes. A muchas personas les está gustando y a él parece encantarle la atención –respondió Maggie.

–Gracias por el consejo –dije. Por un momento hice una pausa. «¿Y cómo estás *tú*, Maggie?», pregunté. Habían pasado sólo unas pocas semanas desde el funeral de Iris.

Maggie suspiró. «Mi padrino de AA dice que el luto es como caminar sobre melaza: aras el camino paso a paso. Pero todavía me estoy aferrando a Dios», dijo.

Se me hizo un nudo en la garganta. ¿Todavía?

–Todavía –respondió.

Lancé una oración de gracias hacia el cielo. «Gracias de nuevo por advertirme sobre Chip. Si me llama, prometo no decir nada que pueda ser usado en mi contra en un juicio».

–¿Puedo llamarte de nuevo? –preguntó Maggie.

–Me encantaría, pero la próxima vez, llámame desde un número al que yo pueda regresarte la llamada.

–Sigue aguantando –dijo y colgó.

El tiempo en Italia tenía una simetría diferente. Los días iban y venían, llamando poco la atención sobre sí mismos. Algunas veces no podía decir si era martes o viernes. Tomaba paseos, comía, pasaba tiempo con Kenny o alguno de los otros, leía y escribía en mi diario. Mientras más me sumergía en el corazón de Francisco encontraba más valor para entrar en el mío. Mientras más veía su amor por la Iglesia y por el mundo, me sentía más inspirado a seguir su guía. Me estaba descongelando.

En la última semana de abril, los ánimos cambiaron en Asís porque la ciudad se preparaba con euforia para el Calendimaggio, un tremendo festival de tres días para celebrar el regreso de la primavera y la victoria de la vida sobre la muerte. El origen del festival se remonta a la Edad Media, cuando había dos familias rivales, y quienes las apoyaban, estaban encerrados en una larga y sangrienta batalla para controlar la ciudad. Hoy, la competencia entre la *Sopra* (parte alta de la ciudad) y la *Sotto* (parte baja) es un poco más pacífica. Ahora el festival gira alrededor de competencias de canto, teatro, danza y procesiones. Los asisianos viven para esos tres días, así que no se escatiman gastos: se montan escenarios en toda la ciudad, las calles son festoneadas con banderas coloridas, los músicos y los malabaristas se disputan los espacios en cada esquina y los restaurantes sirven el platillo tradicional de cerdo y vino. Dos días antes de que el festival comenzara oficialmente, las personas ya estaban inundando la ciudad. Estaba sentado en los escalones del monasterio, oyendo las conversaciones de los turistas que pasaban y tratando de adivinar su país de origen, cuando Peter vino y se sentó junto a mí.

–¿Quieres ir al pueblo y ver lo que está pasando? –preguntó.

–¿A dónde quieres ir?

–Vamos a tomarnos un *limoncello* y ver gente desde la fuente.

Cuando caminábamos a la Piazza del Comune se me volvió completamente claro que Asís es un pueblo de olores, campanas y pájaros. En todas partes, parvadas de palomas se pavoneaban picoteando migajas de entre el empedrado. Asustadas por el sonido o los pasos, vuelan, lanzándose en grandes círculos alrededor de capiteles y domos. El aire está lleno del aroma de la leña que se quema para hornear pizzas para los turistas hambrientos, mientras que cada 15 minutos se nombran las horas con el tañido de campanas en las espadañas a través de la ciudad.

Peter y yo compramos dos *limoncellos*, un licor cítrico agridulce. Después nos sentamos en los escalones de la fuente que da al Templo de Minerva. Solía creer que Nueva Inglaterra tenía edificios viejos, pero Italia nos deja en la calle. El de Minerva fue construido por los romanos en el siglo I y dedicado después a los dioses gemelos de Cástor y Pólux. Sus seis columnas acanaladas, con capiteles corintios, se levantan noblemente, sin esfuerzo, sosteniendo la historia. Todo el pueblo hace que uno sienta que se puede confiar en la eternidad. Ha pasado tanto antes de nosotros que, seguramente, tiene que haber algo que nos espere del otro lado.

Sin cesar, cada vez hacía más calor ese día, así es que estiramos las piernas, cerramos nuestros ojos y apuntamos nuestras caras hacia el sol. Estuvimos en silencio un buen rato hasta que hablé. «Lo de la iglesia fue toda una experiencia el otro día», dije.

Peter no se movió. «¿Qué quieres decir?», respondió.

–Supongo que se puede decir que me sentí abrumado.

Peter protegió sus ojos del sol con su mano y me miró de reojo. «¿Y no sabes bien por qué?», preguntó.

Asentí.

Tomó un fuerte respiro y exhaló. «Es complicado», dijo.

–Ponme a prueba.

Peter se sentó, dio un trago a su *limoncello* y ordenó sus pensamientos. «Primero dime que piensas que pasó», dijo.

Me recargué contra la base de la fuente. «Una parte de mí quiere desecharlo como si hubiera sido una reacción a todo lo que ha pasado en las últimas tres semanas, pero decir que fue sólo un colapso catártico me suena demasiado cínico», dije.

Peter se rio. «Repasa lo que ha sucedido. ¿Qué sentiste cuando caminaste al interior de la iglesia?».

Recogí pequeños pedazos de mármol y los aventé a la calle mientras pensaba qué responder. «Fue como si estuviera entrando a otro mundo».

–Precisamente. Los hombres medievales construyeron iglesias enormes y ornadas para que la gente que caminara a su interior sintiera que estaban dejando un mundo y entrando a otra realidad, el reino de Dios. Piensa en lo que le pasó a tus sentidos cuando cruzaste esas puertas. Vitrales, frescos y pinturas, luces difuminadas, velas parpadeantes, el olor del incienso, bóvedas y arcos que jalaban tu espíritu hacia las alturas, ángeles elevándose en los techos. Dios te dejó sin palabras, por medio de la arquitectura –dijo Peter.

–¿Quieres decir que el edificio me habló? –pregunté.

Peter asintió. «Agustín dijo que la mente humana recibía un placer particular cuando la verdad le era presentada de manera indirecta, como en los símbolos y el espacio sagrado. Desafortunadamente, la mayoría de las iglesias de hoy en día están diseñadas sin ningún sentido de lo icónico porque a la gente de la modernidad le gusta la comunicación franca y sin ambigüedades. Queremos "centros de rendición de culto" en los que lo hogareño es más importante que la santidad».

Había olvidado que Peter era un candidato a doctor en liturgia. Habló de una manera tan convincente que era difícil para mí no sentir cierta vergüenza. Cuando diseñamos Putnam Hill nos enfocamos en lo utilitario más que en cualquier otra cosa. Recuerdo que le dije al arquitecto que quería que tuviéramos todos los aditamentos tecnológicos que uno puede encontrar en un centro de las artes de clase mundial. En retrospectiva me di cuenta de que lo que había pedido era «¡luces, cámara, acción!», más que «Padre, Hijo y Espíritu Santo».

–¿Algo más aparte del espacio sagrado? –pregunté.

Peter se inclinó hacia mí como si quisiera decirme un secreto. «Después sigue la liturgia y la eucaristía», contestó.

Ahora estábamos entrando en cuestiones fantasmales. Cuando comenzamos en Putnam Hill, le dimos poca importancia a lo de la comunión porque no se ajustaba a nuestro paradigma del *buscador-sensible*. La ofrecemos una vez cada tres meses, pero es como comer brócoli: no es que lo disfrutemos especialmente, sino que nuestra mamá dice que es bueno para nosotros. ¿Liturgia? Ni siquiera hay que meternos en eso.

–El domingo, ¿a qué hora de la mañana empezó lo de la iglesia? –preguntó Peter.

Me pareció que la pregunta era un tanto extraña ya que habíamos ido juntos. Me encogí de hombros. «Más o menos a las ocho».

–¡No! La iglesia comenzó en el momento en que te subiste al coche. El padre Alexander Schmemann es un académico ortodoxo que escribió un libro llamado *Por la vida del mundo*. Dice que la liturgia es un viaje que procede del reino de este mundo hacia un breve encuentro con el reino de Dios, y de vuelta otra vez para rendir testimonio sobre él. La liturgia empezó en el momento en que tú mismo comenzaste a separarte de este mundo, para que pudieras unirte al resto del cuerpo de Cristo. En la liturgia, cada acto es una metáfora o símbolo.

«La palabra *liturgia* literalmente significa "el trabajo de la gente". Es un texto antiguo que nos ayuda a recrear el drama de la redención. Lo que recitamos es una versión comprimida de la historia de la redención. Al final de ella, no podemos evitar dejarnos llevar por el llanto junto con todos los ángeles y arcángeles, "¡Gracias a Dios!" y dar nuestras vidas al Dios que dio su vida por nosotros.

«Entonces, entraste a un lugar sagrado, oíste y hablaste la Gran Historia. Después fuiste confrontado místicamente con Cristo en el clímax, es decir la eucaristía».

Antes había oído que los católicos y los miembros de la Iglesia Episcopal se referían a la Cena del Señor como la eucaristía, pero no estaba seguro de lo que la palabra significaba realmente. Porque no es que en el seminario baptista conservador al que fui se enfatizara la liturgia. Creo que Peter sintió mi incertidumbre.

–La palabra eucaristía significa «dar gracias». Es ese momento en el «trabajo de la gente» en que somos parte de la vida divina y experimentamos la presencia de Cristo de una manera que puede ser particularmente intensa –dijo.

–No pude ir a tomarla –dije con voz queda.

–Jesús se percibe muy cerca en la eucaristía y eso puede ser desconcertante. Pero piénsalo como una celebración de bienvenida de vuelta a casa. ¡En la eucaristía estamos unidos con Dios, con todos los santos, con la tierra que nos da el pan y el vino y con todo el universo!

Estuve en silencio por un rato, tratando de poner en práctica lo que Peter dijo sobre lo que me pasó en la misa. No estaba llegando a nada.

–Quizá tuviste dificultad en creer que estabas siendo invitado a la fiesta –sugirió.

Podía sentir cómo me sonrojaba. «Vamos a pasar a tu caso», dije. «¿Qué pasó? Terminaste en el suelo».

Sonrió. «La eucaristía es un sacramento de amor y alegría. Algunas veces Dios me encuentra en ella de una manera que no puedo explicar».

–Sabes, Peter –dije. «Estoy medio asustado de que cuando termine este peregrinaje voy a llegar a mi casa siendo católico».

Mientras se levantaba y estiraba, Peter dijo: «Chase, el peregrinaje nunca termina».

Diario
El solario del monasterio
Querido Francisco:
Me gustan los católicos, particularmente los italianos. Si aquí alguien llora en la iglesia, simplemente es lo normal. Lloran al encender veladoras por algún pariente enfermo, al ver a Jesús sufriendo en la cruz o al tocar los pies de un santo esculpido en mármol. Si alguien comenzara a sollozar incontroladamente durante un servicio de comunión en Putnam Hill, la gente se sentiría muy perturbada. En Nueva Inglaterra las demostraciones públicas de las emociones irritan a las personas. ¿Qué tal que es contagioso? Aquí puedes berrear o estar postrado en el suelo y la gente pasa por encima de uno como si uno fuera un mueble. Dan por hecho que uno está haciendo lo que las personas

normales hacen en presencia de Dios. No es mala teología. Peter me dio un libro sobre la eucaristía. Es sumamente fascinante. Quien lo escribió dice que no sólo somos homo sapiens (gente que sabe) sino también homo eucharistica (personas eucarísticas). En otras palabras, necesitamos más que la razón o la información para nutrir nuestra fe. Estamos hechos para tener experiencias divinas de primera mano a través, también, de cosas como la eucaristía. Es como lo que Gandhi dijo: «El mundo está tan hambriento de Dios que Dios no puede mas que venir en la forma de una pieza de pan. Deseamos tanto la dicha que Dios incluso ha tomado el riesgo de venir a este mundo como intoxicación, en esa cosa tan peligrosa llamada vino».

Hace tiempo oí a alguien decir que la Biblia no es solamente un libro que nos dice qué hacer, es también una historia que nos cuenta quiénes somos. Quizá fue por eso que la liturgia me conmovió el domingo pasado. Me llevó por un paseo guiado en el que se me hizo recordar quién soy, de dónde vengo, cómo las cosas han llegado a estar tan fuera de sintonía en este mundo, cómo Dios interviene y cómo va a terminar la historia. Me he sentido dislocado por tanto tiempo y ahora la liturgia me ha ayudado a ubicarme. No soy un personaje en busca de un Autor: tengo una historia.

En los últimos dos años, mi vida espiritual ha estado padeciendo una muerte lenta. Quizá las cosas habrían sido distintas si cada semana me hubiera sentado con una comunidad que reiteradamente me recordara quién es Dios y quién soy yo por medio de algo como la liturgia. Hubiera sido como si alguien me dijera: «No te preocupes, Chase. Puede ser que ahora la fe te resulte un tanto difícil, pero escucha esas antiguas palabras que estamos repitiendo y 'renta' nuestra fe mientras la tuya vuelve a la vida». No es sorprendente que la mayoría de tus escritos, Francisco, traten sobre la importancia de rendir culto, la liturgia y la vida sacramental. Entiendo por qué no pasé a comulgar, pero ahora una parte de mí se arrepiente.

La iglesia a la que fuimos el domingo pasado se llama la Chiesa Nuova, que significa «iglesia nueva». ¿Realmente la nueva iglesia es la vieja iglesia redescubierta y contextualizada?

VII

El arte es el nieto de Dios.
DANTE ALIGHIERI

El martes, el cardenal Mendoza llamó desde Madrid para decir que iría a Roma al día siguiente día y quería saber si Kenny tendría tiempo para oírlo en confesión. A Kenny le daba mucho gusto hacer un espacio para su viejo amigo. Asís es un lugar pequeño y los frenéticos preparativos para el Calendimaggio hacían que se sintiera todavía más chico, al punto de parecer sofocante. Cuando Kenny preguntó si me gustaría ir con él a Roma, me puse extático. Empaqué y me subí al coche antes que él.

Anatole Broyard dijo: «Roma fue un poema al que se forzó a operar como ciudad». No bromeaba. Pasé tres días inolvidables paseando por las calles, visitando los museos, corriendo alrededor de la Plaza del Vaticano, leyendo *Julio César* de Shakespeare al lado de la Fuente de Trevi, comiendo rebanadas de pizza *quattro formaggi* en los escalones del Panteón y viendo cuadros de artistas locales en la Plaza Navona.

Hice cola por varias horas para ver el milagro de Miguel Ángel en el techo de la Capilla Sixtina. Es difícil creer que un hombre pudiera realmente concebir algo tan bello, mucho menos pintarlo. Al levantar la mirada hacia *El Juicio Final*, me sentí empequeñecido al ser consciente de mi propia condición de criatura. Mi guía no exageraba al decir que se trataba de la habitación más bella del mundo.

Uno de mis lugares favoritos era la Basílica de San Juan de Letrán, la «iglesia madre» de Roma. Es un edificio muy impresionante. Hay 13 enormes estatuas en su cumbre, la nave central tiene 130 metros de largo y el techo es una explosión de color y ornamentación.

En 1209, Francisco y un pequeño grupo de frailes vinieron aquí en busca de una audiencia con el papa Inocencio III. Esperaban recibir la bendición papal para su nueva orden. Una tarde, me senté dentro de la iglesia y leí la historia de su reunión en la «Leyenda de los tres compañeros»:

Al oír esto el señor papa, quedó profundamente maravillado, y principalmente porque antes de la venida del bienaventurado Francisco había tenido también él una visión en la que veía que la iglesia de San Juan de Letrán se desplomaba y que un hombre religioso, desmedrado y despreciable, la sostenía con sus propias espaldas. Se despertó atónito y atemorizado. Pero hombre discreto y sabio como era, consideraba qué significaría la visión. Como a los pocos días se presentase ante él el bienaventurado Francisco y le expusiese su plan de vida, como queda dicho y le suplicase que le confirmara la Regla que había escrito con palabras sencillas, entreveradas de sentencias del Evangelio, a cuya perfección aspiraba con todas sus fuerzas, viéndolo el papa tan fervoroso en el servicio de Dios y comentando su propia visión y la alegoría mostrada al varón de Dios, comenzó a decirse para sus adentros. «Verdaderamente éste es aquel varón religioso y santo por el que la Iglesia de Dios se levantará y se sostendrá». Luego lo abrazó y le aprobó la Regla que había escrito. Le dio también licencia, lo mismo que a sus hermanos, para predicar la penitencia en todo el mundo, pero con la condición de que los que habían de predicar obtuvieran primero autorización del bienaventurado Francisco[1].

Sentado en la iglesia, me impresionó la simple elegancia de la estrategia para el ministerio de Francisco: llanamente leer los textos de los evangelios y vivir la vida que uno encuentra en sus páginas. ¡Qué concepto! Me preguntaba qué diría Francisco si fuera el principal conferencista en un congreso sobre desarrollo de la iglesia. ¿Alguien lo tomaría en serio?

Hacia el final de cada día estaba yo exhausto, no por las largas horas de caminata, sino porque mis sentidos estaban inundados de belleza e historia. Sólo me arrepentía de estar solo. Es deprimente estar en una ciudad llena de tantos esplendores como Roma y no poder compartirlo con nadie. La agenda de Kenny estaba más saturada de lo que él había anticipado. Cada mañana, en el desayuno, pasaba la mitad del tiempo pidiendo disculpas por no poder

---

[1]"Leyenda de los tres compañeros", *San Francisco de Asís. Escritos. Biografías. Documentos de la época*, Biblioteca de Autores Cristianos, Madrid, 1998. Edición de José Antonio Guerra, o.f.m. Traducción de Enrique Gutiérrez, o.f.m.

pasar tiempo conmigo y yo ocupaba la otra mitad del tiempo asegurándole que no había problema. Mentía, pero no tenía caso quejarme sobre eso.

Una tarde, padeciendo cansancio de turista, entré a una enorme librería que vendía títulos en inglés e italiano. En la sección en la que había de esos gigantescos libros para las mesas de centro de las salas, que uno compra, pero nunca realmente lee, vi a una mujer muy atractiva hojeaba uno con la fotografía del compositor estoniano Arvo Pärt en la portada. Creo ser extrovertido, pero nunca he sido bueno para azarosamente iniciar conversaciones con la gente, particularmente con las mujeres. De cualquier manera, estaba ansioso de hablar con alguien que no fuera guía de un museo o mesero.

–Es un compositor magnífico –dije, esperando que hablara inglés.

Ladeó la cabeza y me frunció el ceño. «¿Lo conoces?», preguntó. Creo que estaba más sorprendida de encontrar a alguien a quien le gustaba Arvo Pärt, que porque yo hubiera sido tan directo.

–Sí, es uno de mis favoritos –respondí, agradecido de que su acento fuera estadounidense.

Parecía suspicaz. «¿Cuál es tu pieza favorita de él?», preguntó.

Yo hojeaba las páginas de un libro sobre Salvador Dalí y pensé por un momento. «Berliner Messe», contesté. «En especial "Agnus Dei"».

Me miró, después caminó un poco por el pasillo y recogió un libro sobre Mahler. «Prefiero sus trabajos para orquesta», dijo con cautela. «¿Qué otros compositores te gustan?».

La seguí. «John Tavener, James MacMillan, Henryk Górecki...».

Se volvió hacia mí con rapidez. «¿Te gusta MacMillan?».

–Sí –dije, sonriendo.

–Yo he tocado con él. Es brillante –dijo.

–¿Has tocado con él?

Se rio. «Sí, soy violonchelista. El año pasado interpreté "La confesión de Isobel Gowdie" con él».

Me costó trabajo encontrar algo inteligente qué decirle. Finalmente, ella me salvó. «Me llamo Carla Mellini», dijo, extendiéndome su mano.

–Soy Chase Falson.

–¿Qué te trae a Roma? –preguntó.

–Es una larga historia... estoy visitando a mi tío. «¿Y a ti?».

—Estoy aquí por toda la primavera y el verano tomando una clase magistral con János Starker y tocando con el Cuarteto Sibelius.

Estábamos parados como dos estudiantes de secundaria en su primer baile, esperando que el otro dijera algo. Ninguno de los dos lo hizo.

—Fue un gusto conocerte, Chase —dijo ella finalmente. «Espero que tu estancia en Roma sea placentera». Dio media vuelta y comenzó a alejarse.

—¿Quieres tomar un café? —le solté.

Dio media vuelta y me miró con curiosidad. Le dio un vistazo a su reloj, dijo, «Tengo poco tiempo. Hay un pequeño café aquí en la librería».

Me senté en una mesa para dos mientras Carla iba a la barra y pedía dos capuchinos en italiano. Yo había decidido que probablemente ella tenía mi edad o que quizá era unos cuantos años más joven. Vestía pantalones de pana color savia y un suéter negro de casimir sobre una camiseta blanca. Aunque su ropa era informal, era elegante. Se conducía con la dignidad y seguridad en sí misma que uno no ve con frecuencia. A mi madre le hubiera gustado de inmediato y, en este caso, esto era un cumplido.

Con cuidado puso las bebidas calientes en la mesa y se sentó.

—¿De qué parte de Boston eres? —pregunté.

—Beacon Hill —respondió. «¿Cómo sabes?».

—Fui a la universidad con bastantes muchachos de Boston. Tienes el acento bostoniano más refinado.

—Lo que quieres decir es que no sueno como una sureña —dijo, riendo.

Nuestra conversación tomó un ritmo natural. No pasó mucho, no obstante, para que ella hiciera la pregunta inevitable: «¿A qué te dedicas?».

Quería mentir y decirle que era astronauta, neurocirujano o quizá corredor de Fórmula Uno, algo menos pedestre que ser ministro. Me resigné a ser honesto.

—Soy pastor de una iglesia —dije.

—Ah —dijo, sin emoción, mientras revolvía ociosamente la espuma del borde de su capuchino.

—¿Hay algún problema?

Se enderezó en su silla. «No, para nada».

—¿De verdad? —pregunté.

Suspiró largamente. «Mis padres son muy religiosos. Eso ha sido un motivo de tensión entre nosotros», dijo.

–¿Por qué? –pregunté.

–Piensan que los músicos profesionales son mundanos.

–¿No fueron ellos quienes pagaron tus clases?

–Pues no. Cuando tenía ocho años, me dieron una beca completa en una escuela privada de interpretación artística en Boston. Mis padres estaban inquietos al respecto, pero los académicos eran demasiado buenos como para dejar pasar la oportunidad. Ellos no creyeron que terminaría convirtiéndome en la violonchelista de una sinfónica. «Si quieres tocar música, debes hacerlo en la iglesia», dijo, bajando el tono de su voz para sonar como su padre. Me pude imaginar cuántas veces había tenido que oír esas palabras. «Cuando les dije que me habían invitado a tocar con el Cuarteto Sibelius y a estudiar con Starker, reaccionaron como si me estuviera uniendo a un carnaval».

Meneé mi cabeza. «Entonces, ¿dónde te deja eso respecto a todo lo que tiene que ver con Dios?», pregunté con cautela.

Se encogió de hombros. «Creo que todavía tengo fe. Supongo. No estoy segura». Quebró su *biscotti* a la mitad y lo sumergió en su capuchino. «Cuéntame sobre ti». Estaba ansiosa por quitarse los reflectores de encima.

Me hizo tantas preguntas conforme iba contando mi historia que me tomó una hora terminarla.

–¿Y ahora qué sigue? –preguntó.

–No estoy seguro. Empiezo a preguntarme si entré al ministerio por las razones equivocadas.

–¿Cómo cuáles? –preguntó.

–Quizá para expiar algo –musité. «O quizá sólo para hacer enojar a mi papá». Los dos nos reímos.

–¿Y lo de Francisco? –preguntó.

–Todavía es un misterio. Justo cuando creo que ya lo entendí, descubro algo nuevo sobre él que me deslumbra –dije. Vi si alguien me estaba oyendo a mi alrededor. «¿Quieres oír algo que parece de horror?».

Ella pareció dudar. «Claro».

–Algunas veces siento como si él caminara a mi lado –dije. «Algunas veces hasta le hablo».

–Eso no es de horror –dijo. «Algunas veces cuando estoy ensayando siento como si Casals estuviera sentado a mi lado».

Tomar un café rápidamente se convirtió en algo de dos horas y media. Si hubiera conocido a Carla en Estados Unidos todas mis alarmas de «¿será ella la indicada?» habrían comenzado a sonar. Me intrigaba que no me sentía de esa manera en ese momento.

–La Filarmónica de Turín tiene función esta noche –dijo. «Y después hay una conferencia gratuita. Mi amiga me quedó mal de último momento. ¿Quieres venir conmigo?».

Me emocioné. La idea de pasar una noche más viendo la televisión italiana o leyendo libros sobre San Francisco era mucho menos que atractiva. Tomé mi mochila y jalé una agenda imaginaria. «Déjame ver si estoy disponible. Mañana el papa y yo vamos a tomar algunos tragos y después, en la noche, voy al cine con Fellini».

Ella se rio. «¡Está muerto!».

–Ah, eso explica por qué dijo que quizá llegaría tarde. Sí, por supuesto que voy contigo. ¿Dónde te veo?

Se paró y recogió sus bolsas «Es en el Auditorio Parco della Musica en Via Flaminia. Nos vemos en la entrada a las siete de la noche».

Me levanté. «*Arrivederci*», dije.

Sonrió. Necesitaba mejorar mi italiano.

Esa noche, cuando leía el programa, vi por qué Carla estaba tan emocionada de ir a esa función: la orquesta tocaba el Concierto en E menor para violonchelo de Elgar. De la primera a la última nota, fue un concierto electrizante. De vez en cuando veía a Carla, quien se notaba extasiada. Sus dedos no podían quedarse quietos. Imitaba cada nota que tocaba el violonchelista. Fue una buena sorpresa ver que una de mis piezas favoritas, "Égloga para piano y orquesta de cuerdas", op. 10, de Finzi, era también parte del programa de la noche. La Égloga es lírica y obsesionante, expone todos los deseos insatisfechos de la vida de uno. Mi padre siempre me dijo que mi desdén por la mayoría de las obras atonales indicaba mi falta de sofisticación musical. Era algo más en lo que yo estaba mal.

Cuando tocaron la nota final, Carla fue la primera en saltar para ponerse de pie y gritar: «¡Bravo!». Cuando finalmente los aplausos comenzaron a amainar, me tomó las dos manos y dijo: «¿No fue maravilloso?».

La charla después del concierto se dio en un pequeño espacio de ensayos cerca de la sala principal.

Hablaba Liam Cudder, un musicólogo británico de Cambridge. Yo estaba preparado para ver a alguien tipo C.S. Lewis: un hombre corpulento con saco de tweed, de parches de piel en los codos, pantalones arrugados de arriba a abajo. Cudder no podía haber sido más diferente. Estaba vestido elegantemente con un saco azul, cruzado, con botones dorados, pantalones de franela gris completamente a la medida y mocasines con borlas que parecían costosos. Su acento denotaba un pedigrí de clase alta, pero no había nada paternalista en su actitud, de hecho, era infantil y animado. Habló por casi una hora, deconstruyendo y analizando las piezas que habíamos oído, ayudándonos a descubrir el talento de Finzi y Elgar.

Hacia el final de la charla, sus comentarios tomaron un giro inesperado. «He hablado por lo que a algunos de ustedes debe parecerles una eternidad». El público se rio. «Ahora estoy interesado en saber que sintieron ustedes durante el concierto», dijo.

Hubo un silencio incómodo. Finalmente, un alma valiente dijo: «Alegría».

–Agradecimiento –dijo alguien más.

Cudder oyó varias otras respuestas, asintiendo después de cada una de ellas.

–Siempre llegó a las lágrimas cuando oigo una interpretación maravillosa seguida de una ovación de pie –dijo. «Me parece que en el clímax de nuestra ovación cruzamos un límite e involuntariamente empezamos a aplaudir otra realidad, la de un intérprete que sabemos que está ahí, pero que no podemos ver. Queremos agradecer a la Belleza misma».

Puso su índice en sus labios e hizo una pausa. «Déjenme ser atrevido por un momento. ¿Será posible que durante la función de esta noche, inconscientemente hayamos sentido a Alguien parado detrás de lo bello, Alguien que es su fuente y que nos llevó a alabarlo también a él?». Se impuso el silencio sobre la sala. El buen doctor había pasado de la musicología a la teología. –Soy un musicólogo, pero también soy un sacerdote ordenado de la Iglesia Anglicana. Por años, he tratado de separar estas dos facetas de mi vida, pero no he tenido mucho éxito, entonces, si me perdonan, quisiera terminar mis comentarios de esta noche sugiriendo que hay una clara relación entre la belleza y la búsqueda que el corazón hace de Dios.

Cudder revisó sus notas. Encontró la página que andaba buscando.

–En *Doctor Zhivago*, Boris Pasternak describe uno de sus principales personajes de esta manera: «Lara no era religiosa. No creía en los rituales. Pero algunas veces, para ser capaz de soportar la vida, necesitaba el acompañamiento de una música interna. No siempre componía ella misma esa música. Esa música era la palabra de vida de Dios y era para llorar a partir de ella que Lara iba a la iglesia». ¿Qué hay en la música que despierta la espiritualidad en la Lara de Pasternak? Es esto: el objeto de todo gran arte es la belleza y nos causa una nostalgia de Dios. Sea que nos consideremos a nosotros mismos como personas de fe o no, el arte despierta en nosotros lo que el papa llama un «deseo universal de redención».

Cudder se sentó en un banco de tres patas. «Todos somos buscadores de significados. Nos acercamos a cada pintura, novela, película, sinfonía o ballet esperando inconscientemente que nos llevará un paso más cerca en el viaje para responder la pregunta de, "¿por qué estoy aquí?". Sin embargo, las personas que viven en el mundo posmoderno se enfrentan a un dilema enloquecedor. Sus corazones anhelan encontrar significados fundamentales, al mismo tiempo que sus mentes críticas no creen que exista. Tenemos nostalgia de nuestro hogar, pero no tenemos hogar. Por eso nos volvemos hacia las artes y la estética, para satisfacer nuestra sed de lo Absoluto. Pero si queremos encontrar nuestro verdadero significado de la vida, nuestra búsqueda no puede terminar ahí. El arte y la belleza no son el destino, son letreros que apuntan hacia el destino que deseamos».

Cudder escogió una página más de entre sus notas. «C.S. Lewis lo dice de una manera muy elegante en *El peso de la gloria*: "Los libros o la música, en los que pensamos que se encuentra la belleza, nos traicionarán si nos confiamos a ellos, no está *en* ellos, sólo viene *a través* de ellos y lo que viene a través de ellos sigue siendo anhelado... Porque no son la cosa en sí misma, son sólo el aroma de una flor que no hemos encontrado, el eco de una melodía que no hemos oído, noticias de un país que todavía hemos visitado'». Sabiamente, Cudder hizo una pausa para que pudiéramos procesar las palabras de Lewis. «Tengo la esperanza de que, por medio de futuros encuentros con la música y las artes, descubramos este 'país celestial' que no hemos visitado todavía, pero que anhelamos encontrar. Gracias por su gentil atención esta noche».

La gente permaneció pegada a sus asientos. Los comentarios de Cudder fueron tan humildes y respetuosos que todos estaban encantados. Después de algunos momentos, el efecto del hechizo pasó y las personas recogieron sus pertenencias y empezaron a irse.

Carla se levantó. «Vamos a saludarlo», dijo.

Un grupo de admiradores rodeó a Cudder y lo acribillaron con preguntas. Carla y yo estábamos detrás de él, esperando pacientemente nuestro turno. De vez en cuando, Cudder se volvía para vernos con curiosidad y después seguía resolviendo preguntas. Una mujer fornida en un vestido rojo de noche, que derramaba perlas y diamantes, preguntó con voz afectada y alta: «Profesor Cudder, ¿cuál es la verdadera vocación del artista?». Su pregunta habría sido buena si no hubiera sonado tan pagada de sí misma.

–Quizá deba preguntarle a nuestra amiga que está aquí –dijo Cudder, apuntando con su cabeza a Carla.

El grupo se fijó en nosotros.

–Si no me equivoco, ella es Carla Mellini –dijo Cudder. «Una de las violonchelistas emergentes más importantes de Europa».

Carla sonrió y dijo: «Gracias, me siento honrada».

Vi a Carla de reojo. Sentí que tenían que presentarnos de nuevo.

–¿Alguna idea, señorita Mellini? –preguntó Cudder.

Carla se tomó mucho tiempo antes de contestar. «Mi profesor me dijo una vez que los artistas ayudan a la gente a ver u oír más allá de lo inmediato para llegar a lo eterno. La mayoría de las personas sólo ven las superficies. Un gran poema, relato, canción o escultura revela el significado oculto de las cosas».

Cudder parecía impresionado. «¡Dichosos sus ojos porque ven! ¡Dichosos sus oídos porque oyen!», añadió, citando a Jesús, del Evangelio de Mateo.

Todos en el círculo asintieron con aprecio. La respuesta de Carla parecía acertada.

-Siento decirles que es hora de que nos vayamos –anunció Cudder. «Ha sido una noche magnífica, pero se está haciendo tarde y el personal de vigilancia tiene que cerrar. Gracias por haber venido».

Mientras un pequeño grupo de devotos empezaba a dejar el lugar, Cudder se acercó a nosotros. «Espero no haberla puesto bajo los reflectores», dijo.

-No se preocupe y, por favor, llámeme Carla. Él es mi amigo, Chase Falson.

Cudder me dio la mano. «Un gusto conocerlos», nos dijo. «Me llamo Liam. El título de profesor está reservado para el uso de los estudiantes». Se volvió hacia Carla. «La oí interpretar el Concierto para violonchelo de Schumann en Londres el año pasado. Fue muy inspirador».

-Es una pieza impresionante. Me da gusto que la haya disfrutado – respondió Carla.

-¿Le gustó la interpretación de esta noche? –preguntó Liam.

Carla hizo una pausa. «El primer violonchelo de la orquesta es amigo mío y es un solista maravilloso. Hubiera querido que el adagio fuera más romántico, pero si no, tocó a la perfección».

Cudder comenzó a meter sus notas en un desgastado portafolio de piel. «¿Me acompañarían a cenar aunque sea tan tarde? ¡Me estoy muriendo de hambre!».

Carla me vio. «Por mí, por supuesto», dije.

-¿El Café Greco? –sugirió Liam.

Carla dudó. «Es un poco caro», dijo. Creo que, más que cualquier cosa, le preocupaba el presupuesto de ministro.

-Yo invito –dijo Liam.

Los restaurantes caros de Roma, por lo general, no son tan opulentos como los de Manhattan. A los italianos les importa más la buena comida y crear una atmósfera íntima. El Greco es la excepción. Famoso por haber sido el lugar que solían frecuentar conocidos artistas y escritores del siglo XIX, ofrece lo mejor de cada cosa: decoración elegante, magnífica cocina y pequeñas mesas para facilitar la conversación. Por si hiciera falta, fue otro festín de comida, vino e ideas apasionadamente expresadas. Liam era un verdadero hombre renacentista. Era brillante, divertido y apasionado. Su elegante belleza y comportamiento refinado me recordaron a un Roger Moore joven. Podríamos haberlo oído toda la noche.

–La iglesia tiene una historia abigarrada con los artistas. En algunas épocas han sido apreciados y en otras vilipendiados. Ha habido temporadas en que ha reinado un sofocante puritanismo artístico y otras en que las artes han sido celebradas. Algunos cristianos todavía son ambivalentes respecto a las artes –dijo Liam. Después se inclinó en la mesa y habló como si nos estuviera contando una historia de fantasmas alrededor de una fogata. «Pueden encender las bajas pasiones».

Carla se cubrió la boca y rio. Liam le hizo señas a uno de los meseros y apuntó a nuestra botella de champaña vacía. El mesero asintió y corrió a la cava a traernos otra.

–Llegué a la fe por medio de la tradición baptista, que sospechaba de cualquier cosa que tuviera que ver con la imaginación –continuó. «Creían que era la fuente de todo tipo de ideas e impulsos malignos. Y, en cierto sentido, era cierto. La imaginación depravada tiene la capacidad de soñar todo tipo de cosas espantosas, pero pensándolo de esa manera estábamos echando todo por la borda. No reconocimos que la imaginación redentora era capaz de producir obras de una belleza tal que revelaban la Gloria».

Carla hizo un gesto. «Mis padres piensan que las artes son triviales. Dicen que uno debe ir a la iglesia a recibir buenas enseñanzas no una sonata», dijo Carla.

Educadamente, Cudder se limpió la boca. «Eso es muy irónico, en realidad. En primer lugar, la Biblia es una gran obra literaria llena de poesía, canciones, relatos, parábolas, historia, drama apocalíptico y libros sapienciales. En segundo lugar, la misma gente que se enorgullece de estar enfocada en la Palabra se acerca peligrosamente a practicar una forma de gnosticismo que sobrevalora lo espiritual y evita lo material. ¡Pero la Palabra se hizo carne! La Encarnación prueba que lo divino puede ser comunicado a través de lo material: color, sonido, textura, palabras impresas en papel, el movimiento del cuerpo».

–¿Puedes escribir todo eso? Me gustaría mandárselo a mis padres –dijo Carla.

Liam palmeó su mano. «Dales tiempo. Tus padres llegarán a aceptarlo. Mientras tanto, nunca olvides que tu vocación es una cuestión sagrada».

El rostro de Carla pareció sincerarse. Se veía más relajada de lo que la había visto hasta ese momento. Había conocido a dos personas en el mismo día que comprendían su situación. Me daba cuenta de que algo importante le estaba sucediendo.

Su expresión se volvió pensativa. «Entonces, ¿quizá debería volver a la iglesia?», preguntó.

–Ahora sería buen momento –respondió.

–¿Por qué ahora? –pregunté.

–La Iglesia se está dando cuenta de que hay una conciencia de Dios durmiendo en el sótano de la imaginación posmoderna y tiene que despertarla. Las artes lo pueden hacer. Toda belleza es subversiva, vuela bajo el radar de los filtros críticos de las personas y las encamina hacia Dios. Como dice un amigo mío: «Cuando la puerta de enfrente del intelecto se cierra, la puerta trasera de la imaginación se abre». Nuestra desatención al poder de la belleza y las artes ayuda a explicar por qué tanta gente ha perdido el interés en la iglesia. Nuestro regreso a las artes ayudará a renovar el interés.

Carla estaba hechizada. Trataba de imaginarme en que estaba pensando. Liam estaba confirmando algo que probablemente ella siempre supo: sus padres estaban equivocados. Era un momento de exoneración.

Parecía que un foco se había encendido en la cabeza de Carla. «Es como hablar en lenguas», dijo ella.

El tenedor de Liam se congeló entre su plato y su boca. «¿Perdón?», preguntó.

Carla se enderezó. «El arte, la música, la danza, el teatro, la literatura, el cine... ¡Todos son una manera de hablar en lenguas!».

–¡Claro! –dije. «Son lenguajes espirituales que comunican verdades sobre Dios que el lenguaje humano no tiene palabras para expresar. Por eso la iglesia necesita redescubrirlos».

–Qué manera tan brillante de decirlo –comentó Cudder.

–Ya verán cuando les diga a mis padres pentecostales que ahora hablo en lenguas. Por años han esperado que eso pase.

-Espera a que ellos se den cuenta de que lo estás haciendo por medio del violonchelo –dijo Liam.

Levanté mi copa. «¡Por la belleza!», dije.

Liam y Carla respondieron: «¡Por la belleza!».

«Suena como que ustedes dos tuvieron una buena noche», enfatizó Kenny.

Carla había venido a tomar café con nosotros en la veranda que da a los jardines de nuestro hotel, la Residenza Madri Pie.

Las hileras de geranios rojos y blancos parecían a punto de salirse de los límites de sus espacios. Al principio, cuando presenté a Carla y el tío Kenny, ella tuvo cierta reserva, como si se preguntara si el estilo de vida de un fraile es el síntoma de alguna patología delirante. Pronto se dio cuenta de que él no era psicótico, sino excepcional.

Carla se me quedó viendo. «No estoy segura de qué fue mejor, si el concierto o el tiempo que pasamos con Liam», dijo ella.

Después de la cena, invité a Liam a tomar café con Kenny también, pero tenía que tomar un vuelo a primera hora de la mañana, para regresar a Inglaterra. No fue fácil despedirnos. Nuestra conversación habría durado toda la noche si el dueño del Greco no hubiera tenido que cerrar. Los tres intercambiamos direcciones de correo electrónico y números de teléfonos celulares y prometimos estar con comunicación. Deseaba que fuera el principio de una larga amistad.

Kenny tiró las cenizas de su cigarro en el cenicero. «¿Le dijiste algo sobre Francisco a Liam?», preguntó.

-Sólo de paso –dije.

Al esperar un taxi fuera del restaurante, mencioné mi interés en San Francisco y la cara de Liam se iluminó. Me apretó el hombro. «Por Dios, hombre, Francisco era un artista por excelencia. Tendremos mucho qué discutir la próxima vez que nos veamos».

-Liam dijo que Francisco era un artista –dijo Carla.

Kenny empujó su silla hacia atrás y cruzó sus piernas. «Un poeta, un cantante, un actor... algunos dicen que incluso un pintor. Pienso que por eso muchos artistas se han unido a la orden franciscana a través de los años».

–¿Cómo quién? –pregunté –Dante, da Vinci, Cervantes, Giotto, Rafael, Miguel Ángel, Palestrina, Franz Liszt y Charles Gounod eran franciscanos seglares –contestó Kenny. Él vio a Carla, quien parecía impresionada. «¿Sabes mucho sobre los trovadores?», continuó.

–He oído sobre ellos, pero eso es todo –respondió ella.

–Los trovadores eran poetas y juglares en la Edad Media que escribían poemas y cantaban canciones sobre caballería y amor cortés. Francisco sin duda conoció algunos al viajar con su padre para comprar telas en Francia. Francisco tomó lo que aprendió de los trovadores y lo usó en su ministerio. Algunas veces levantaba alguna rama y la ponía sobre su brazo, usaba otra como arco y tocaba con ellas como si fueran una viola, cantaba y bailaba el evangelio para cientos de personas a la vez. Llamaba a sus frailes los *Jongleurs de Dieu*.

–¿Los qué? –pregunté. «Eso suena como francés. Pensé que era italiano».

–Quiere decir los «Malabaristas de Dios». Los *Jongleurs* eran malabaristas y comediantes callejeros. Francisco quería que sus frailes se vieran a sí mismos no sólo como trovadores sino también como bufones itinerantes que proclamaban el evangelio. Por esa razón los primeros franciscanos usaban canciones, contaban historias, improvisaban dramas e introducían poesía en su predicación más que filosofía, lógica y teología –dijo.

–Liam dijo que pensaba que las artes estaban retomando algún lugar en la Iglesia –dijo Carla.

–Quiero creer que así es –dijo Kenny. «Por un largo tiempo, los seminarios han hecho un buen trabajo produciendo pastores académicos. La razón y el conocimiento se han valorado sobre la intuición y la imaginación. Pienso que podríamos estar viendo un nuevo tipo de pastor en la posmodernidad: el pastor artista».

–¿Qué se van a poner, delantal y boinas? –pregunté. Carla y Kenny se rieron.

–Difícilmente –dijo Kenny. «Presentarán el evangelio más como lo hizo Francisco, apelando tanto a la mente como a los ojos de la mente. Cuando estaba en el seminario estudiábamos a de Aquino y a los escolásticos, que sistematizaban a Dios de manera brillante. Amaba su certidumbre. Ahora pienso que es la mente artística, no la mente científica, la que mejor captura la verdadera naturaleza de Dios».

Kenny cerró sus ojos y hablo reverencialmente:

Después de que los mares todos sean cruzados,
(como parecen ya haber sido cruzados,)
Después de que los grandes capitanes e ingenieros hayan logrado su trabajo,
Después de los nobles inventores, después de los científicos, el químico, el geólogo, etnólogo,
Finalmente deberá venir el Poeta digno de ese nombre,
El verdadero Hijo de Dios deberá venir cantando sus canciones.

–¿Quién dijo eso? –susurró Carla.

–Es de un poema de Walt Whitman, *Hojas de hierba* –respondió Kenny.

–Es bello –dijo ella.

–Pero ¿qué pasa con las personas que no son artistas? –pregunté, sintiéndome excluido.

–Francisco diría que tu vida debe volverse un poema, una obra de arte viviente –dijo Kenny. «El regalo que los artistas lleven a la iglesia puede que no sea el más importante de todos», vio directamente a Carla. «Pero los necesitamos mucho».

Kenny había dado en el clavo. Las lágrimas llenaron hasta el borde los ojos de Carla. ¿Por qué no me interesaba cortejar a esta mujer? Era perfecta.

–El Calendimaggio comienza mañana. Ven y quédate con nosotros por algunos días –dijo Kenny.

–Sería fantástico –dije.

Carla se veía de capa caída. «Me temo que no puedo. El cuarteto comienza sus ensayos esta tarde para nuestra siguiente serie de conciertos. Vamos a tocar a Beethoven en la Academia de Santa Cecilia», respondió ella.

Me sentí decepcionado. Nuestra amistad apenas comenzaba, había tanto más de qué hablar. ¿Sería la última vez que nos veríamos? Kenny se levantó. «Carla, ha sido maravilloso conocerte, pero tengo una última reunión con el cardenal antes de regresar a Asís», dijo él, estrechando su mano. «Y tú», apuntó hacia mí como director de escuela, al tiempo que sonreía «Estate listo, nos vamos a las cinco de la tarde».

–Sí, señor –dije marcialmente.

Carla y yo nos quedamos en silencio. Los únicos sonidos eran los de la brisa gentil acariciando la hilera de cipreses que rodeaban los jardines y el goteo del agua de una fuente cercana.

Carla puso su mano sobre la mía. «Chase, las últimas 24 horas han sido muy importantes para mí. Dios me hablo por medio de ti y de Liam».

–¿Y qué oíste?

–Dios dijo que le gustaría que él y yo fuéramos amigos de nuevo.

–Quizá cuando vayas de visita a casa pueda manejar a Boston para verte –dije.

–Sí, por favor. Allá estaré en Navidad.

Encaminé a Carla hasta la calle y esperé con ella hasta que llegó su camión. Al subirse al camión, se volvió hacia mí y dijo: «¡Por la belleza!».

–¡Por la belleza! –respondí. Y las puertas del camión se cerraron.

Regresé caminando al hotel y me senté en la veranda. Saqué mi diario y mi computadora. Había descubierto la noche anterior que el hotel tenía acceso a internet inalámbrico. Busqué algunos de los materiales que Liam había mencionado la noche anterior.

Diario
La veranda en la Residenza Madri Pie, Roma
Querido Francisco:
Hace unos cuantos años fui a un concierto de U2 en el Madison Square Garden en Nueva York, apenas tres meses después del 9/11. La mayoría de quienes estábamos en la arena esa noche probablemente conocíamos a alguien que había muerto en la Torres Gemelas, tan sólo en nuestra iglesia habíamos perdido a tres personas. Nunca olvidaré el final del concierto. Cuando la banda tocaba la canción «Walk On», los nombres de todos los que habían muerto fueron proyectados en las paredes de la arena y lentamente los fueron despla-

zando sobre nosotros y después hacia el techo. En ese momento la presencia de Dios descendió en la sala en una forma que nunca olvidaré. Había 25 mil personas paradas, llorando y cantando con la banda. Súbitamente el concierto se convirtió en rendición de culto, estábamos empujando juntos en contra de la oscuridad. Salí aturdido, preguntándome: «¿Qué fue lo que pasó aquí?». Por supuesto, fue la música. Por un momento, el velo entre este mundo y el mundo por venir se hizo delgado por la melodía y la letra. Así fuera por sólo unos pocos minutos, todos fuimos creyentes.

Acabo de buscar la Carta a los artistas de Juan Pablo II que Liam mencionó en su charla. Aquí está un fragmento con el que estarías de acuerdo: «Para transmitir el mensaje que Cristo le ha confiado, la Iglesia necesita el arte. En efecto, debe hacer perceptible, más aún, fascinante en lo posible, el mundo del espíritu, de lo invisible, de Dios. Debe por tanto acuñar en fórmulas significativas lo que en sí mismo es inefable. Ahora bien, el arte posee esa capacidad peculiar de reflejar uno u otro aspecto del mensaje, traduciéndolo en colores, formas o sonidos que ayudan a la intuición de quien contempla o escucha. Todo esto, sin privar al mensaje mismo de su valor trascendente y de su halo de misterio...

«En Cristo, Dios se reconcilió con el mundo. Todos los creyentes están llamados a dar testimonio de ello; pero les toca a ustedes, hombres y mujeres que han dedicado sus vidas al arte, decir con la riqueza de su ingenio que en Cristo el mundo ha sido redimido: redimido el hombre, redimido el cuerpo humano, redimida la creación entera, de la cual San Pablo ha escrito que espera ansiosa "la revelación de los hijos de Dios"... Ésta es su misión. En contacto con las obras de arte, la humanidad de todos los tiempos, también la de hoy, espera ser iluminada sobre el propio rumbo y el propio destino...

«La belleza es clave del misterio y la llamada a lo trascendente. Es una invitación a gustar la vida y a soñar con el futuro...

«Artistas del mundo, que todos sus múltiples caminos conduzcan hacia aquel océano infinito de la belleza en el que el asombro se convierte en admiración, embriaguez, gozo indecible[2]». Cuando me convertí en cristiano, me dijeron que rezar a cualquiera que no fuera Dios estaba mal.

Pero en caso de que me puedas oír, quizá puedas ofrecer una oración

---

[2]Juan Pablo II, *Carta a los artistas*, Librería Editrice Vaticana, Vaticano, 1999.

por Carla. Sería maravilloso que redescubriera su fe. Mi esperanza es que un día ella esté tocando el violonchelo y sienta no sólo a Casals junto a ella, sino también a Dios. Háblale de eso a Él, ¿sí?

La hora pico del tráfico en Roma hace que la autopista de Long Island de regreso a casa se vea como un amplio y solitario camino rural. Para cuando llegamos de regreso a Asís eran las diez de la noche. Por suerte, los trenes dan servicio casi las 24 horas del día. A pesar de lo tarde que era, el pueblo estaba repleto de emoción. El inicio oficial del Calendimaggio era la mañana siguiente y los trabajadores todavía estaban colgando las luces y probando los sistemas de sonido en los escenarios al aire libre.

Llegar al monasterio no fue fácil. Los planeadores urbanos medievales no habían anticipado el advenimiento de los automóviles y las calles empedradas de Asís son tan angostas y tortuosas que tan sólo se necesita de dos o tres turistas despistados para crear congestionamiento. Kenny y yo terminamos atorados detrás de un grupo de turistas alemanes que tambaleaban, brazo con brazo, por la Via Portica, cantando canciones de cervecería. Los turistas alemanes son muy fáciles de detectar. Vienen en dos variedades. Los primeros son pulcros como BMW caros. Son esbeltos, tienen rasgos arios perfectamente cincelados, usan pantalones de mezclilla bien planchados y lucen esos delgados e interesantes lentes cuadrados con armazón de titanio. No sonríen mucho. La otra variedad es más como el Volkswagen Beetle. Son del tipo «oompah-pah»: vestidos con desaliño, amables y constantemente al acecho de alguien a quién palmear en la espalda. Desafortunadamente, estábamos atorados detrás de un grupo grande de la variedad Volkswagen.

–Entonces, dime más sobre Carla –dijo Kenny.

Vi hacia fuera por la ventanilla de mi lado del coche. «Es magnífica», dije.

–¿Eso es todo?

Suspiré. «Me desconcierta».

–¿Por qué?

Kenny consiguió meterse entre los turistas. Pensé que el espejo de su lado iba a golpear en el trasero a alguno de ellos.

–Es perfecta. Es divertida, atractiva, talentosa...

–Está disponible –agregó Kenny.

Asentí. «Todo lo anterior. Entonces, ¿por qué no la cortejé? Nunca había conectado con alguien tan rápido como conecté con Carla, pero mi corazón dijo que no complicara las cosas tratando de convertirlo en algo romántico».

–¿Qué piensas que tu corazón sabía? –preguntó Kenny.

–No lo sé.

Empezó a caer una pequeña llovizna. Kenny encendió los limpiadores del parabrisas. «¿Has leído sobre Francisco y Santa Clara?».

–No mucho, en realidad –respondí. Cada libro que leí sobre Francisco tenía un capítulo sobre su relación con Clara. Me había saltado la mayor parte de eso. No estaba seguro de poder aguantar a más de un santo a la vez.

–Clara era una joven aristócrata que huyó de su casa para seguir a Francisco. La ayudó a fundar una orden de monjas que pudiera seguir su estilo de vida. Su relación fue muy inusual.

–¿Cómo fue?

–Las mujeres en el tiempo de Francisco eran vistas como inferiores a los hombres. La gente creía que eran una peligrosa fuente de tentación para los hombres. En ese entonces, ¡algunos monasterios ni siquiera permitían hembras de animales dentro de sus paredes! Francisco no creía lo mismo. Veía que las mujeres podían tener ministerios increíbles y él las trataba más como iguales en comparación con lo que la mayoría de los hombres lo hacía en esos días. Esto era algo muy revolucionario para la Edad Media.

«Los dos tenían un profundo amor el uno por el otro, pero nunca cruzaron la frontera del romance. Era más místico y sublime. Eran almas gemelas que querían ayudarse entre sí a crecer en su amor compartido por Jesús, su relación era menos importante que su llamado. Los historiadores franciscanos dicen que Clara era la amiga querida de Francisco –dijo.

Pensé eso que me decía, pero no podía ver hacía dónde iba Kenny. «Muy bien, pero ¿qué tiene eso que ver con Carla?». Kenny soltó una risa. «Quizá nada. Es sólo que Francisco y Clara le dieron forma a una forma diferente de relación entre hombres y mujeres, basada no en la atracción sexual, sino una que, en vez de eso, enfatizaba el crecimiento espiritual de cada uno. ¿Quién sabe? Quizá ese es el tipo de relación que Dios te está llamando a tener con Carla».

Había conocido a Carla desde hace sólo un par de días, todo lo que sabía era que, extrañamente, sentía por ella, una calidez, pero no en el sentido romántico. Vi el pueblo, por el que avanzábamos y sacudí mi cabeza. «Uno nunca sabe adónde te puede llevar el peregrinaje», suspiré.

Harto de un segundo grupo de turistas, Kenny tocó el claxon y pasó como un rayo alrededor de ellos. «Es muy cierto», dijo.

VIII

A nadie se debe llamar enemigo, todos son tus benefactores
y nadie te hace daño. No tienes otro enemigo que tú mismo.
SAN FRANCISCO DE ASÍS

Mientras estuvimos en Roma, no me di cuenta de cuánto extrañaba a Thomas, Bernard y Peter. Aunque sólo habíamos estado fuera por pocos días, nuestro regreso fue como una semana de vuelta a casa, cuando Kenny yo bajamos a desayunar a la mañana siguiente. Bernard nos saludó en el comedor como un regordete labrador amarillo cuyos queridos amos acaban de regresar de un largo viaje. Su cola se movía tan fuerte que pensé que su espalda emprendería el vuelo. Los saludos de Peter y Thomas fueron mas templados, gracias a Dios, pero igual de sinceros.

Después de bendecir los alimentos, Peter se sirvió granola en su tazón de cereal. «Cuéntanoslo todo sobre Roma», dijo.

Le dije sobre todos los lugares que había visitado. Todos tenían una opinión sobre ellos. Peter y Bernard iniciaron un acalorado debate sobre qué iglesia era más bella, si San Juan de Letrán o San Pedro. Incluso Thomas intervino en el combate, exaltando los méritos de Nuestra Señora de la Concepción, una elección extraña, por decir lo menos. En esa iglesia están enterrados los restos de cuatro mil frailes capuchinos en una cripta con tierra traída de Jerusalén. Otro grupo de frailes no está en la cripta, por lo que sus esqueletos se usaron para hacer candelabros decorativos y adornos en la pared. Ni Martha Stewart podría haber soñado algo como eso. Muy pronto los tres estaban peleando mientras mezclaban el italiano con el inglés. Me sentía bien al estar de regreso.

Por tres días, Thomas, Peter, Kenny y yo recorrimos juntos la ciudad, inmersos en el drama de Calendimaggio. Cada calle era anfitriona de una nueva sorpresa. Oíamos grupos de atractivos jóvenes juglares vestidos con ropaje medieval, cantando canciones de amor cortés a muchachas que se sonrojaban en los balcones. Vimos competencias de ballesta, arquería y lanzamiento de estandartes. Aplaudimos a grupos de mujeres que ejecutaban danzas con aros en las *piazzas* y dramas medievales interpretados en las calles. El pueblo era una paleta de cada color imaginable, por no decir una especie de alboroto de buen corazón. La última noche, nos unimos al grupo de gente atestada al frente del Templo de Minerva para descubrir quién había ganado el gran premio. La Piazza del Comune estaba radiante con antorchas encendidas, la gente se asomaba por las ventas ondeando banderas y reflectores de luces azul pálido y blancas iluminaban la fachada del templo. Finalmente, el maestre de campo subió al escenario para anunciar al ganador del *Palio*, un estandarte largo, rojo y azul, con el símbolo del pueblo de Asís blasonado en él. El gentío contuvo su respiración mientras esperaba los resultados, y el aplauso fue atronador cuando la Magnifica Parte de Sotto fue declarada victoriosa. Los fuegos artificiales estallaron sobre nuestras cabezas y la gente comenzó a cantar. Fueron 72 horas de magia pura. Al siguiente día pagué por los excesos de la noche anterior. Me desperté hasta las 10 de la mañana, con la vista nublada y ansioso de tomar café. Seguí acostado por media hora, tratando de convencerme a mí mismo de que ir al café internet para revisar mi correo electrónico era lo correcto. No tenía nada de ganas de hacerlo. Maggie me había mantenido al tanto de los últimos acontecimientos en Putnam Hill y en su último correo electrónico decía que la riña en la iglesia había empeorado desde la última vez que hablamos por teléfono. Alguien estaba alimentando el molino de los rumores. ¿Me había acostado con algún miembro de la iglesia? ¿Tenía un problema de drogas? ¿Veía Bob Esponja? Había personas que acusaban a la directiva de ocultar información y dos de los adultos mayores ya habían renunciado y abandonado la Iglesia, otro todavía estaba indeciso pero parecía que también podría irse. Maggie dijo que Chip no estaba haciendo mucho por acallar los chismes. Al contrario, ella pensaba que era posible que él mismo hubiera iniciado algunos de ellos. Me sentía tentado a tomar el teléfono, llamar a algunos amigos y averiguar qué era lo que realmente estaba pasando, pero los adultos mayores insistían en que yo no hablara con las personas de la congregación. Maggie era una excepción, me parece.

Me arrastré fuera de mi cama, agarré una taza en el comedor y me dirigí al café. Abrí mi correo electrónico y vi uno de Ed. Me tomó varios minutos reunir el valor para abrirlo.

Chase:

Ya hace varias semanas que te fuiste y los adultos mayores quieren saber cuándo piensas regresar. Las cosas han sido difíciles desde tu partida, pero seguimos en pie y rezando por la orientación del Señor. Confiamos que tú también lo estás haciendo. En un plano personal, quiero pedirte una disculpa por lo que dije en la puerta de tu departamento. Ahora me doy cuenta de que hablé movido por la ira y no por el amor. Sea como sea que esto termine, siempre te consideraré mi hermano en Cristo y también mi amigo.

Avísame qué piensas lo más pronto que puedas.

Ed

Leí y releí el mensaje de Ed, disfrutando el torrente de gratitud en todo mi corazón. Ed no era un hombre vulnerable. Sabía lo mucho que debía haberle costado escribir esas palabras. Su solicitud de perdón levantaba una onerosa carga de mis hombros que había estado llevando conmigo por semanas.

De cualquier manera, no quería comprometerme a una fecha para irme a casa y enfrentar a los adultos mayores. Había pensado mucho sobre el futuro y seguía confundido. Todavía no estaba seguro sobre si debía renunciar o pedir que la iglesia me perdonara y me diera una segunda oportunidad. Sentía como si mi nueva amistad con Francisco estuviera dando a luz algo importante para mí. Estaba poniendo a la Iglesia y a mi fe contra la luz y como si se tratara de un prisma, descubría nuevos colores en ellos. Y, sin embargo, en mis adentros, algo me decía que el peregrinaje no había terminado. Todavía tenía más por aprender. Traté de escribir una respuesta para Ed, pero no me salían las palabras. Decidí esperar uno o dos días.

Cuando estaba cerrando mi cuenta de correo electrónico, vi hacia la ventana del café y ahí estaba Bernard, saltando y saludando. Había estado extrañamente ausente durante el Calendimaggio. Cada mañana, se había levantado temprano para manejar 25 kilómetros a Perugia para llegar a unas reuniones. Thomas dijo que Bernard estaba trabajando en un proyecto especial y yo no investigué más. Ahora, parada junto a él había una mujer negra de apariencia extraordinaria, sonriendo serenamente y vestida con el hábito de monja franciscana. Yo no podía oír lo que Bernard decía, pero podía leer sus labrios: «Sal, quiero que conozcas a alguien».

    —La hermana Irene es investigadora senior en el Instituto Franciscano para la Paz y la Reconciliación en Roma. Nos conocimos hace ocho años en un congreso en Palestina —explicó Bernard mientras paseábamos por la Via del Seminario. Después de que nos presentó, enfrente del café, la hermana Irene preguntó si podíamos ir a su *gelateria* favorita en Asís. Si alguien congelara el paraíso se llamaría *gelato* y estaría embutido en un vaso de papel. Está hecho con leche entera, huevos, azúcar y frutas de la estación, todo batido y refrigerado hasta que adquiere una textura tan suave como la seda. Los italianos son extremadamente serios respecto a sus *gelatos*. Las familias guardan celosamente sus recetas como los dragones cuidan su oro. Con frecuencia, algún turista estadounidense comete el funesto error de entrar en una *gelateria* y pedir «helado». Por lo general encuentran su cadáver dos días después, flotando en el Tíber.

    La hermana Irene apoyó a Bernard. «Sí, el congreso en Palestina fue maravilloso y nos volvimos buenos, buenos amigos» dijo. El tono de la voz de Irene se modulaba alto y bajo, la palabra *buenos* sonaba como el silbato de un tren.

    —¿Sobre qué era el congreso? —pregunté.

    —Solución internacional de conflictos —contestó Bernard.

    —Jimmy Carter habló —añadió la hermana Irene. «Fue extraordinario». Su acento era encantador y lírico.

    —¿De dónde eres? —pregunté.

    —De Ruanda —dijo. Mi corazón palpitó. Después de ver la película *Hotel Ruanda*, salí del cine y fui directamente a la librería Borders a comprar libros sobre el genocidio de 1994 que devastó a esa pequeña nación de África Central. En sólo 90 días, el gobierno, dominado por los hutus, así como su milicia, la Interahamwe, habían matado casi un millón de ruandeses tutsi e incluso a hutus moderados. Las matanzas eran indeciblemente horrorosas, la mayoría de las víctimas fueron despedazadas con machetes y garrotes.

Bernard pasó su brazo alrededor del hombro de su amiga.

–He visto más de lo que me correspondía de guerras –continuó. «En los setenta, estaba en Beirut. Al principio de los noventa estaba en Sarajevo y justo después del genocidio mis superiores me mandaron a Ruanda a comenzar un programa de paz y reconciliación».

Sacudí mi cabeza. «¡Vaya travesía!», dije.

Me vio y sonrió. «Sí, pero vamos a dónde el Señor nos llama, ¿no es así?».

–Sí, supongo que así es –dije, viéndola de reojo, preguntándome si Bernard le había contado sobre mí.

Nos sentamos en una banca afuera de la entrada principal a la Basílica de San Francisco de Asís por una hora, hablando de Ruanda y de lo terribles que eran las condiciones en buena parte de África. El sentido del tacto era la segunda lengua de Irene. Mientras hablábamos, con mucho afecto ella colocaba su mano en mi hombro, mi rodilla o mi brazo.

–Mañana voy a viajar a Perugia a un congreso sobre pacificación. ¿Quizá te gustaría venir como observador? –dijo ella.

–Es para estudiantes de bachillerato y universidad –añadió Bernard.

–¿Tú vas? –le pregunté.

La hermana Irene se rio. «¡Qué si va! ¡Él lo va a presidir!».

Ahora entendía dónde había estado en los días anteriores.

Después de varias semanas en Italia, estaba aprendiendo a ir donde fuera que el Espíritu me llevara. La apertura hacia el movimiento de Dios era vital en la vida del peregrino. Sonreí y me encogí de hombros. «Claro que voy», dije.

En alguna parte del tortuoso camino de la historia, los católicos habían perdido su mentalidad arquitectónica. El congreso se desarrollaba en un enorme centro para retiros construido con poca imaginación en los años cincuenta. Unos pocos días antes, había experimentado alguna confusión cuando Peter se quejó de que la sensibilidad estética de los católicos nunca se había recuperado de la invención de las guitarras y de los bloques de cemento. En ese momento comprendí a qué se refería.

Pero mi decepción ante la apariencia del centro de congresos se evaporó en el momento en que Irene y yo entramos al lugar. Cientos de jóvenes de todo el mundo estaban ahí. Al caminar en el área de registro vi gafetes de Irak, Irlanda del Norte, Sudán, Mozambique, Burundi, Congo, Inglaterra, Estados Unidos, Indonesia y Nicaragua. Todos estaban vestidos con los vestidos tradicionales de sus países de origen. La sala estaba ardiendo con los atuendos coloridos y zumbando de energía. Algunos de los estudiantes habían ido de universidades en las que cursaban licenciaturas en estudios de paz y reconciliación, otros aspiraban a convertirse en activistas por la paz y hacían pasantías en lugares del mundo en que yo no me habría atrevido a estar. Eso no era una reunión de glorificación de sí mismos y de elogios mutuos por parte de pacifistas de ojos vidriosos... estos eran muchachos serios.

Como convocante del congreso, Bernard inauguró el programa. Proyectada en una enorme pantalla detrás de él se vía la famosa fotografía de un hombre solitario frente a un tanque en la Plaza de Tiananmen en China. Esa fotografía nunca deja de inspirarme: es el ícono de mi generación sobre lo que significa la valentía humana. Bernard se acercó al micrófono y, por supuesto, hubo la infaltable dosis de retroalimentación auditiva, un estallido. Todos cubrimos nuestros oídos y nos contrajimos de dolor.

–Por favor, pasen a sus lugares –dijo, al tiempo que parecía avergonzado. Después de un momento la multitud se tranquilizó.

–Mi nombre es padre Bernard Mays y quiero darles la bienvenida al congreso del Instituto Franciscano de Estudios para la Paz de este año. Hubo un aplauso entusiasta. Bernard sonrió y mantuvo levantadas sus manos. «Nuestro equipo de planeación ha trabajado fuertemente para hacer que el congreso de este año deje una profunda impresión en sus vidas y ministerios. Nuestro tema es "Una visión franciscana de la paz para el nuevo milenio". Dada la actual situación internacional, no puedo pensar en un tema más crucial o pertinente para los cristianos que nuestro llamado a ser pacificadores. «Nuestro primer conferencista magistral es alguien que muchos de ustedes conocen personalmente, otros sólo saben de su buena reputación. El Dr. Emmanuel Mukamana es un pediatra, un diácono ordenado de la Iglesia católica y, lo más importante», dijo Bernard sonriendo, «es el hermano de la hermana Irene Mukamana, una de las investigadoras en nuestro Instituto en Roma». Vi a Irene sentada con una postura perfecta en la silla junto a la mía, las manos sobre su regazo, sus prominentes pómulos que le daban un aire de realeza y que le permitían esconder su tenue sonrisa de orgullo.

«Junto con su hermana, el Dr. Mukamana supervisa un programa de reconciliación a nivel nacional en Ruanda, parcialmente financiado por el Instituto Franciscano de Estudios para la Paz. En 2002, su trabajo recibió el Premio Albert Schweitzer por ofrecer a la comunidad global un modelo práctico e inspirador de pacificación cristiana. El mundo no necesita discusiones abstractas sobre pacificación y reconciliación, necesitan verlo llevado a la vida de carne y hueso, y conozco a poca gente que encarne el ministerio de la reconciliación como Emmanuel Mukamana". Bernard comenzó a aplaudir, después gesticuló invitando a Emmanuel a que se acercara. Los estudiantes aplaudieron y silbaron cuando Emmanuel iba subiendo por las escaleras hacia el estrado. Mientras más sonreía, los aplausos se volvían más fuertes. Parecía tener poco más de cuarenta años. Vestía unos pantalones de mezclilla de color oscuro y una sudadera de la Universidad de Oxford, Mukamana parecía ser una colisión de opuestos: humildad y grandeza, alegría y seriedad.

–¡*Amahoro*! –gritó al micrófono, haciendo un gesto con su mano sobre su oído para incitarnos a contestarle.

–¡*Amahoro*! –dijimos en respuesta.

Emmanuel se rio entre dientes. «En mi país, *amahoro* significa "paz", así es que hemos comenzado obedeciendo el mandamiento de Francisco de que saludemos a todos diciendo "La paz del Señor"».

Aclaró su garganta. «He venido porque tengo una historia. No se trata de un relato poco conocido en mi tierra nativa, pero es mío y es todo lo que les puedo ofrecer. Después del genocidio, durante dos años, no pude hablar sobre las cosas que vi. Pero una noche nuestro Señor Jesús me dijo que ya no escondiera mi dolor debajo de ninguna piedra, sino que se lo contara a muchos para que pudiera volverse un asunto de interés. «En 1994 mi familia y yo, que somos tutsis, vivíamos en un pueblo llamado Ruhengeri en Ruanda, cerca de la frontera con Uganda. Yo era uno de tres doctores que trabajaban en una clínica de salud subsidiada por el gobierno, junto con mi esposa, Mercy, que es una enfermera profesional. El 29 de abril, yo estaba atendiendo a mis pacientes cuando la mejor amiga de mi esposa, Eugenia, entró corriendo en nuestro consultorio, cargando a un niño cubierto de sangre. La mamá del bebé había corrido a su patio empuñando al bebé y gritando que la milicia hutu había colocado bloqueos carreteros en cada orilla del pueblo y que estaban matando tutsis. La madre había entregado el bebé a Eugenia y después se había desmayado. Por los ojos sin reacciones del bebé, supe que ya había muerto, pero no tenía tiempo de atenderlo», dijo. «Saben, nuestros hijos gemelos de ocho años, Nathan y Concord, estaban en la escuela cuando empezó la matanza. Mercy y yo tratamos entonces de llegar hasta ellos a pie, pero un camión lleno de soldados de la Interahamwe se había estacionado a mitad del pueblo y estaban pasando machetes y garrotes a otros hutus. Gente que habíamos conocido toda nuestra vida, personas que había tratado como pacientes, los padres de los amigos de nuestros hijos, repentinamente iban de casa en casa asesinando a familias enteras. A algunos les pagaron por hacerlo, otros fueron obligados a cometer esos actos y otros apenas y necesitaron ser convencidos.

«No había manera de llegar a la escuela sin ser detenidos por alguna de las bandas que iban de un lado a otro, por eso Mercy y yo corrimos a la casa de mi secretaria y su esposo, que son hutus, pero también nuestros más queridos amigos. Arriesgaron sus vidas escondiéndonos en un pozo abandonado de su patio trasero. Perdimos la noción del tiempo mientras estábamos sentados, rezando en ese hoyo lodoso, oyendo el sonido de las armas de fuego y los gritos que llegaban de muchas direcciones. Tarde esa noche, algún hutu borracho se sentó en el borde del pozo, riendo y fumando, hablando de cómo habían violado mujeres antes de matarlas, todo mientras respirábamos apenas unos seis metros debajo de él.

«Después de que se fueron, escalé la pared del pozo y fui hacia la escuela de Nathan y Concord. Me escondí en una arboleda y observé el edificio desde la distancia para asegurarme de que no hubiera gente de la Interahamwe ahí. Parecía desierto y silencioso, pero conforme me fui acercando supe que algo estaba muy mal. Las puertas y las ventanas estaban embarradas de sangre. Tenía tanto pánico que mi corazón estaba latiendo así...», dijo Emmanuel, palmeando su pecho rápidamente con su mano. «Corrí hacia el salón de Nathan y Concord y lo que vi...», Emmanuel hizo una pausa.

Me pregunté cuántas veces se habría forzado a contar esa historia y si alguna vez sería más fácil para él contarla.

«Los cadáveres de los niños estaban apilados en una esquina del salón como si fueran leña. Los pupitres estaban volteados como si hubieran perseguido a los niños en grupo alrededor del salón. Casi en la cima de la pila estaba el cuerpo de Concord, su cuello estaba casi cercenado. Me desvanecí contra el pizarrón y vomité. Después de algunos minutos, pensé que oí una respiración rasposa y me helé. ¿Qué tal si los asesinos estaban afuera? En ese momento me di cuenta de que el sonido venía de la pila de niños muertos. Comencé la difícil tarea de jalar cuerpos de la pila hasta que encontré a Nathan debajo del cuerpo de su hermano. Estaba temblando y tratando de hablar. Sus dos brazos estaban rotos y gravemente cortados, los había opuesto como escudo para su cuerpo ante los ataques con machetes. Creemos que debe haberse desmayado de terror durante el ataque y que los de la Interahamwe por error pensaron que estaba muerto», dijo Emmanuel.

Al escuchar a Emmanuel, el dolor de la aflicción en mi pecho era tan devastador que apenas y podía respirar. Inspeccioné la sala y era claro que no era el único. Adondequiera que veía, las lágrimas fluían en abundancia.

«Gracias a Dios fui capaz de cargar a Nathan de vuelta a la casa de mi secretaria sin ser capturado. Ella fue en su coche a la clínica a conseguir lo que yo necesitaba para curar a Nathan y vivimos en el pozo por dos meses hasta que pudimos escapar a un campo de refugiados en Uganda. Más tarde, Nathan nos dijo que el subdirector había liderado la milicia hacía su salón y había señalado a los niños tutsi. Bebía cerveza y miraba mientras mi hijo y sus compañeros eran masacrados. Seiscientos en una tarde». Emmanuel tomó un trago de agua, después se mantuvo de pie y silencioso por un momento antes de continuar.

«Regresamos a Ruhengeri en 1995 y descubrí que ese subdirector y su familia estaban viviendo en nuestra casa. Vi a su niño de nueve años con la ropa de mi hijo muerto, andando también en su bicicleta en la calle. ¿Se pueden imaginar eso? Muchos tutsis volvieron a sus casas para descubrir que algo parecido les había sucedido. Cuando confronté al hombre, negó que hubiera tenido algo que ver con la matanza y aseguró que tenía el derecho a estar en mi casa, porque la habíamos abandonado. De tanta ira, traté de matarlo, pero nuestros vecinos nos separaron. Fuimos a quedarnos con la familia de mi hermana en el pueblo de al lado. Me tomó más de un año para que el hombre y su familia fueran desalojados. Aunque pasado el tiempo fue arrestado y llevado a prisión, yo seguía lleno de mucho odio, con tal deseo de venganza que no podía dormir por las noches. Soñaba que lo mataba no sólo a él sino también a toda su familia, para que conociera las profundidades de mi sufrimiento. Pero hay un viejo proverbio ruandés: "Aquel que busca venganza es como el hombre que bebe veneno, con la esperanza de que así matará a su enemigo"», dijo Emmanuel, una sonrisa fugaz apareció en su rostro por sólo un momento. «Sabía que mi corazón estaba muriendo y rogaba al Señor que me salvara».

Vio hacia donde yo estaba y sonrió. Me tomó un momento darme cuenta de que le estaba sonriendo a la hermana Irene, que estaba sentada a mi lado.

–Hoy –dijo él, «mi hermana y yo llevamos un programa para unir a las personas que participaron en el genocidio con gente cuyos seres queridos fueron asesinados. Las familias y amigos de las víctimas hablan de su duelo, mientras que la gente que fue parte de los genocidas escuchan. Después, los perpetradores pueden confesar lo que hicieron durante el genocidio y pedir perdón. Mi curación llegó cuando estuve frente a frente con dos hombres que habían participado en la masacre de la escuela de mis hijos. Ante un grupo grande, mi esposa y yo les describimos lo que sus crímenes habían hecho en nuestros corazones, cómo ahora Nathan tiene pesadillas y se orina en la cama. Mientras decíamos nuestra historia, uno de los hombres comenzó a sollozar. Dijo que lo habían forzado a participar en los asesinos y nos suplicó que lo perdonáramos.

«Cuando lloraba, una niña tutsi de tres años se tambaleó por el salón, se subió a su regazó y lo reconfortó. Su acto nos abrumó. Todos lloramos por tanto tiempo que pensé que nunca nos detendríamos. Ese fue un punto de inflexión para mí», se detuvo Emmanuel por un momento, perdido en sus recuerdos.

«Esa pequeña niña me mostró el evangelio y el poder del perdón y la reconciliación, por no mencionar lo que significa ser un pacificador. Ella le dio vida a las palabras de Francisco: "Debemos amar a nuestros enemigos porque su injuriosa conducta nos da la oportunidad de lograr la vida eterna al devolver amor ante el odio". Sin perdón no hay paz. *Umwami imanaiguhe amahoro*, el Señor les de paz», dijo y se bajó del estrado.

Hubo una larga pausa al tiempo que las personas trataban de procesar lo que Emmanuel había compartido. Pero pronto, todos en la sala estábamos de pie, aplaudiendo y llorando. Conforme me les unía, me preguntaba si no era tiempo de que la familia humana desarrollara una nueva manera de expresar admiración y gratitud, algo reservado para esas ocasiones en que nada más aplaudir es absurdamente inadecuado.

La hermana Irene se dirigió a dar una clase. Me reuní con ella después. Tomamos una cajita de almuerzo y salimos. Hacía calor y estaba soleado, pero vientos borrascosos soplaban desde las montañas, zarandeándonos mientras caminábamos. Irene tenía que sostener su hábito para evitar que se levantara y yo tenía que llevarla del brazo para que no terminara convirtiéndose en *La monja voladora*. Encontramos una banca de madera desvencijada que se apoyaba contra un muro en la parte de atrás del centro de convenciones que ofrecía un refugio ante los vientos.

Irene aplanó la bolsa de papel en la que había guardado su almuerzo y la usó como mantel individual en su regazo. «Entonces, ¿qué te parece hasta ahora?», preguntó.

–Estoy impresionado –dije. La clase a la que había ido, mientras Irene daba la suya, había sido sobre el enfoque de Francisco hacia la pacificación. El instructor, un fraile estadounidense llamado hermano Frank, que vivía y trabajaba con los palestinos, había sido favorecido con la participación de los estudiantes, quienes lo habían desafiado y llevado al límite. «Estos muchachos conocen los temas. Yo no era como ellos cuando tenía su edad», pensé.

–¿Cómo eras?

Lo pensé por un momento. «Mi relación con Jesús era más personal», respondí. «Jamás reflexioné sobre cómo la fe se relacionaba con los grandes asuntos internacionales».

Irene puso su sándwich sobre su regazo. «Siempre he encontrado la frase 'relación personal con Jesús' un tanto misteriosa. No quiero ser descortés, pero suena tan egoísta. Siempre he tenido una relación íntima con Jesús, pero mi fe está más enraizada en lo comunal que en lo personal».

Empezaba a entender lo que me decía. Durante mi tiempo en el monasterio había experimentado la presencia de Jesús de una manera en que no lo había hecho antes y eso había pasado gracias a que tuve una relación estrecha con una comunidad. Comer juntos, rezar juntos, vivir juntos, hacer una vida de manera tan cercana con un grupo de cristianos era algo nuevo para mí. La fe que yo había adoptado era más una empresa individualista que cualquier otra cosa. «¿Te puedo hacer una pregunta personal?», dije, pelando mi naranja.

–¡Por supuesto!

–Emmanuel encontró la paz. ¿Y tú? –pregunté.

La hermana Irene suspiró. «Algunos días me siento como si hubiera perdonado a los de la Interahamwe y en otros momentos rezó el Padre Nuestro y me siento como una hipócrita. He comenzado a pensar que el perdón no es algo que uno hace, sino que se le hace a uno».

Ladeé mi cabeza. «¿Qué quieres decir?».

–Quizá el poder de perdonar no puede ser manufacturado, sino que es un *carisma* que uno recibe –dijo.

–Eso espero. No he sido muy exitoso en generarlo en mí mismo.

–¿Necesitas hacer las paces con alguien? –preguntó Irene.

Solté una risa. «Déjame ver... mis padres, la Iglesia, Dios, mi infancia...».

Irene frunció el ceño, me tomó la mano y me vio directamente a los ojos. «¿Realmente quieres la paz?».

–Sí –dije.

–¿Y quieres propagar la paz en el mundo?

–Sí.

La cara de Irene se suavizó. «No lo podrás hacer... hasta que tengas paz contigo mismo», dijo, liberando mi mano y colocando la suya sobre mi corazón. Cálidas corrientes curativas pasaron por sus dedos. Los moretones de mi corazón fueron expuestos. ¿Fue eso lo que los leprosos sintieron cuando Jesús los tocó a ellos? Cerró sus ojos. «Cuando con tus labios estés proclamando la paz, ten cuidado de tenerla, de manera aún más completa, en tu corazón. A nadie lo debe jamás mover, ni ser su motivación, la ira ni el insulto. Más bien, a todos los deben mover la paz, la buena voluntad y la misericordia por su contención. Porque hemos sido llamados con el propósito de curar a los heridos, vendar a aquellos que están heridos y padeciendo el error».

–¿Quién dijo eso? –susurré.

Irene se veía radiante. «¿Quién crees? Francisco no pudo ser un pacificador hasta que alcanzó la paz con la relación que había roto con su padre, con sus sueños perdidos, con sus propios demonios. No es diferente para nosotros. Si queremos ser pacificadores, tenemos que confrontar primero las heridas y la oscuridad en nuestros corazones... de otra manera siempre estaremos culpando a otros por nuestros problemas, en vez de vernos a nosotros mismos. ¿Y sabes qué Chase?». Me vio a los ojos. «Nadie es nunca la causa de tus problemas».

Mi cara se puso caliente. «No creo que tú enti...».

–Sí, la Iglesia necesita ser reconstruida; sí, tus padres te fallaron; sí, eres una persona rota; sí, tu tradición no es todo lo que pensaste que era... pero no culpes a nadie o nada más por tu falta de paz o tus problemas –hizo una pausa y apretó mi mano. «*Tú* eres el mayor problema que tienes».

Mi primer impulso fue ponerme a discutir, pero mi propio corazón me calló, diciendo, *amén*.

Irene y yo hablamos tanto tiempo que nos perdimos al siguiente conferencista. Como ella tenía otras responsabilidades, le pidió a dos estudiantes, Jamal y Terence que fueran mis guías por algunas horas. Me tomaron bajo sus alas, me presentaron a amigos que estaban más que dispuestos a hablar de sus ministerios y programas de pacificación. Todo el día fue una experiencia de apertura, como si alguien me hubiera arrancado de entre las malas hierbas de mi fe, estrecha y centrada en mí misma, para lanzarme a 15 kilómetros de manera que pudiera ver hacia abajo otra faceta de lo que significa ser un seguidor de Jesús.

Alrededor de las 23:00, todos los asistentes al congreso abordaron camiones que se dirigían a las ceremonias de clausura. «¿A dónde vamos?», pregunté.

–Al Valle de Spoleto –dijo Jamal.

–¿Por qué? –pregunté.

–Verás cuando lleguemos –dijo Terence.

Conforme íbamos bajando del camión nos daban una cajita de cerillos, una bolsa de papel café y una vela votiva. Bernard y una pequeña banda de frailes ya estaban en el campo esperándonos. Era difícil oírlo cuando gritaba instrucciones sobre el estruendo de la multitud. «¡Formen un círculo!», dijo. Hay una razón por la que Jesús llamó a la gente ovejas perdidas. Son difíciles de pastorear. A Bernard y a otros cinco frailes les tomó alrededor de 10 minutos lograr que el grupo adoptara la formación que tenían planeada. Me tocó estar al lado de Irene. Una vez que estuvimos organizados, Bernard comenzó a hablar.

–Imaginen a Francisco joven y vestido para la batalla. Está montando su caballo a través de los campos para unirse al ejército del gran Gautier de Brienne. Está convencido de que su llamado es conseguir gloria como caballero, como un hombre de violencia y guerra. Pero cuando Francisco llega a Spoleto, oye que Jesús le dice que regrese a casa. Jesús tiene un plan diferente para su vida. A tiempo, Francisco se da cuenta de que Dios no lo está llamando a ser un soldado, sino a predicar un evangelio de paz y reconciliación. Cada año terminamos nuestro congreso viniendo aquí para renovar el compromiso de nuestras vidas con ser pacificadores en el mundo, como Francisco lo fue. Entonces, comencemos encendiendo nuestras velas, dentro de las bolsas y colocándolas en el suelo enfrente de nosotros –dijo Bernard.

Encender las velas tomó un rato. Afortunadamente, el viento había amainado y la noche era tranquila. Las parpadeantes velas dentro de las bolsas eran misteriosamente bellas. Su brillo destelló e iluminó gentilmente los rostros de todos los que estaban en el círculo.

Bernard prosiguió. «Ahora los invito a decir en voz alta los nombres de las personas que ustedes conocen que han perdido sus vidas en conflictos alrededor del mundo». La calma de la noche fue interrumpida por una letanía de pérdidas. Algunos hablaban normalmente, otros entre sollozos. *Seamus. Ivan. Linda. Rafique. Ahmad. Benjamin.* Alguna vez, cada una de estas personas fue portadora de sueños y esperanzas. Algunos fueron niños, otros esposas y esposos. Todos habían dejado tras de sí gente amada que ahora sólo ve sus rostros muy tarde en la noche, cuando traspasa el portal de los sueños. Después de algunos minutos, Bernard dispuso que los otros líderes repartieran frascos de aceite para que pudiéramos volver a comisionar a cada uno de nosotros como pacificadores. Me sentí como un impostor. Yo no vivía en Irak ni en Palestina. La única guerra en que había participado había sido por un espacio de estacionamiento en el centro comercial. ¿Quién era yo para ser parte de esta ceremonia?

Pero cuando el frasco de aceite llegó a Irene, se volvió hacia mí. Viéndola fijamente a los ojos, mi incomodidad desapareció. Su rostro estaba encendido. Vertió una gota de aceite en la punta de su dedo y marcó la señal de la cruz en mi frente. «Chase, te unjo en el nombre del Padre, del Hijo y del Espíritu Santo. Que tengas paz, no la paz que da el mundo, sino la paz de Jesús».

Durante el servicio para renovar nuestro compromiso se cantó una canción. Había oído su letra un millón de veces y casi en todas las circunstancias habría dicho que la cosa era completamente cursi. Pero después de lo que había aprendido ese día sobre la paz, y en general sobre Francisco, las palabras de su oración tomaron un nuevo significado y profundidad.

Señor, hazme un instrumento de tu paz.
Donde haya odio, siembre yo el amor;donde haya ofensa, el perdón;donde haya duda, la fe;donde haya desesperación, la esperanza;donde haya oscuridad, la luz;donde haya tristeza, la alegría.
Divino Maestro, concede que antes busque
dar, que recibir consuelo,
ofrecer, que recibir comprensión,
amar, que ser amado.
Porque es dando como recibimos,
perdonando, como somos perdonados,
y es muriendo como nacemos a la vida eterna.

Diario

El monasterio de San Rufino

Querido Francisco:

Esta noche fue una de esas raras ocasiones en las que sentí que la cortina entre el cielo y la tierra se volvió muy delgada. Vi otra dimensión de lo que significa ser cristiano y estuve (estoy) muy agradecido.

Al oír hoy al hermano Frank, me di cuenta de que he estado confundiendo ser un amante de la paz con ser un pacificador. Un amante de la paz es alguien que disfruta la ausencia de conflicto, pero un pacificador es alguien que está proactivamente comprometido con trabajos de reconciliación en cada esfera de la vida, desde lo personal hasta lo global. Eso es un juego de pelota espiritual completamente diferente que el que yo he estado jugando. Siempre me había mantenido alejado de estas cosas porque me sonaban a política y teología de «izquierda». Pero ser partidario de la paz y la justicia y alentar a líderes a seguir un programa bíblico de pacificación, ¿es una indicación de que es posible desear algo más que obedecer el evangelio? Esto es mucho para procesarlo en un día. Me está dando mucho qué pensar.

En uno de los materiales que me dieron en el congreso hay una cita de Donald Spoto de su libro llamado *Francisco de Asís: el santo que quiso ser hombre*. «Cuando Francisco insistía sobre la necesidad de paz, era algo más que sólo un deseo sentimental, era una oración por la condición humana. Derivaba de su familiaridad con la Escritura, de escuchar las palabras dichas durante la rendición de culto y directamente de su experiencia interna de la paz de Dios, que había cambiado y seguiría cambiando su vida conforme su propia conversión continuaba [...] Francisco se embarcó cada día en su misión de proclamar la paz de Dios en un mundo violento. Mucho más que la mera ausencia de conflicto, la paz tendría que ser el resultado de una mejor relación con Dios y con el vecino y estaba, por tanto, vinculado con la justicia y el amor».

Amo lo que G.K. Chesterton dijo siglos más tarde sobre este tipo de cristiandad: «¡Qué magnífica idea y que pena que tan pocos siquiera la hayan probado!».

Francisco, tu genio estaba en que leías cosas en la Biblia (como el Sermón de la montaña) y no lo espiritualizabas ni teologizabas. Tú escuchabas a Jesús decir, «Bienaventurados los pacificadores», entonces te levantabas cada día y te embarcabas en una nueva misión de paz. Mi método habitual es leer la Biblia, tratar de entender qué está diciendo y, entonces, tratar de aplicarlo. Tu fórmula era a la inversa. Tú aplicabas la Biblia y después llegabas a un nuevo entendimiento de lo que realmente significaba. ¡Qué concepto! La hermana Irene realmente dio en el clavo en algunas cosas sobre mí. También estaba en lo cierto sobre muchas de esas cosas. Me he lamentado mucho y cargado con muchas culpas en mi vida. Tú dijiste una vez: «Sobre toda la gracia y los presentes que Cristo da a sus amados está aquel de triunfar sobre uno mismo». Yo podría aprovechar un poco de triunfo sobre mí mismo.

Tu amigo,

Chase.

IX

¡Predica en todo momento!
SAN FRANCISCO DE ASÍS.

A la mañana siguiente me desperté más tarde de lo normal. En una calle cercana, casi toda la noche, un perro enamorado había estado ladrando a la puerta de la casa de su amada, llevándome prácticamente a tener impulsos homicidas. Francisco habría salido y cortésmente le habría pedido al perro que se estuviera quieto hasta la mañana siguiente. Y el perro le habría lamido la cara y habría obedecido. Y yo me imaginaba a mí mismo saliendo y golpeando al perro con un palo de golf.

Me arrastré fuera de la cama, abrí las persianas de madera de la ventana de mi recámara. El sol de la mañana calentaba mi rostro mientras veía los coches serpentear por las carreteras que se despliegan por el valle abierto, había penachos ámbar de polvo que seguían su ruta. Sentí envidia al saber que toda esa gente tenía lugares a los cuales ir y que, al final del día, regresarían a sus casas para ser recibidos por niños emocionados y cenas relajadas. Estaban bendecidos por la certeza de su destino. ¿A dónde iría cuando mi peregrinaje terminara? Francisco me había enseñado más sobre lo que significaba seguir a Jesús que lo que yo había aprendido en mucho tiempo, pero ¿con qué propósito? ¿Cómo aplicaría todo este nuevo conocimiento? Como había pasado la mayor parte de mi vida evadiendo las preguntas existenciales, me sentí agobiado.

Decidí regresar a la Capilla de San Damián para pasar algún tiempo solo. Quería que Jesús me hablara desde el crucifijo, como lo había hecho con Francisco. Quién sabe, pensé, quizá Él me diga: «Regresa a Thackeray y te será dicho qué hacer. Tu nuevo llamado te será revelado ahí». Sabía que una teofanía no es cosa de todos los días, pero aun así la esperanza seguía discretamente viva.

De camino a la capilla, me detuve en el Café Trovelessi por un expreso. A primera hora del día, de camino al trabajo, los italianos se detienen en cafeterías de expresos para comprar *caffe* y biscotti. La mayoría no se sienta en una mesa para saborear la experiencia. Se recargan contra la barra y se echan de un trago el pequeño charco de lodo negro como vaqueros que se empinan tragos de whiskey. La descarga de cafeína es tan intensa que requiere de dos personas para manejar el suceso: el barista que hace el expreso y otra persona que se para al lado con paletas de desfibrilador. Me dolía la sola idea de tener que irme a casa a volver a tomar café estadounidense.

Al salir del monasterio, Kenny me dio una copia de *A la espera de Dios* de Simone Weil. Ya había leído algunos capítulos que despertaron mi interés. Ahora, al pasear por el Corso Mazzini hacia la Porta Nuova, tenía ganas de una silenciosa mañana para leer y escribir en mi diario. Cerca de la cima de las escaleras que llevaban hacia la Capilla de San Damián, pasé por la parada de camión donde Kenny y yo habíamos llegado a Asís por primera vez. El camión de Perugia acababa de llegar, y quienes lo habían tomado en la mañana para ir al trabajo bajaban de él. Cuando estaba pasando entre la multitud, oí que caía equipaje de las escaleras del camión. «¡Cuidado allá abajo!», gritó alguien.

Me quedé helado, seguro de que estaba teniendo una alucinación auditiva. Conocía esa voz tan bien como la mía. Me di media vuelta y ahí estaba Maggie. Se había caído patas arriba de las escaleras del camión y estaba despatarrada como una muñeca de trapo encima de un viejo morral. Habían pasado sólo unas cuantas semanas desde la última vez que la había visto, pero se veía como si hubiera participado en un programa de televisión en el que te cambian el *look*. Su pelo castaño ahora era rubio y había conseguido meter dos o tres aros de plata más en cada lóbulo de sus orejas. Se levantó, sacudió sus ropas y soltó una serie de improperios que habrían hecho sonrojar a cualquier camionero.

–¿Maggie?

Se volvió hacia mí. «¡Hola!», gritó y corrió a abrazarme, después dio un paso atrás y sonrió. «¿Sorprendido?», preguntó.

Traté de hablar, pero lo único que salió de mi boca fueron sonidos como de gárgaras. Haber visto a Jesús en patines habría sido menos impresionante para mí. «Pero ¿qué haces aquí?», pregunté.

Se colgó su bolsa al hombro. «Es una larga historia», dijo.

–Es encantadora –me susurró Peter al oído.

Maggie y yo caminamos con dificultad con su equipaje de regreso al monasterio. Cuando llegamos, todos estaban en el comedor haciendo sobremesa después del desayuno. Tras presentarla a cada uno de ellos, Maggie se sentó a la mesa y explicó lo que la había traído a Asís.

–Tuve un sueño –dijo.

Los ojos de Kenny se abrieron con curiosidad. «¿Un sueño?», Kenny estaba embelesado con Maggie. No estoy seguro, pero creo que hay un extraño entendimiento inmediato entre fumadores.

–Estaba de pie en la plataforma de observación del Empire State –dijo ella. «Pensando que necesitaba mudarme de mi departamento porque es muy caro y todo me recuerda a mi hija». La voz de Maggie se quebraba. La muerte de Iris estaba tan fresca en su memoria que, cuando hablaba de ella, una sombra oscura pasaba sobre sus ojos y se ensimismaba, buscando un escondido manantial de fuerza para terminar de hablar.

–Después vi a un hombre chaparro parado en frente de una de esas cosas a las que les pones una moneda para ver mejor la ciudad –continuó.

–¿Un telescopio? –dijo Bernard.

–Eso –dijo ella. Estaba hablando tan rápido que me costaba trabajo entender lo que decía. «Me preguntó si quería asomarme y ver. Entonces puse mis ojos en el telescopio y vi a Chase parado en un campo. ¿Y qué creen?».

–¿Qué? –preguntó Thomas.

–¡Chase estaba parado en el campo al lado del mismo hombre que me había preguntado si quería ver por el telescopio! ¡El hombre estaba en dos lugares al mismo tiempo! Después él me susurró al oído: «Ve a Italia». Y cuando me di la vuelta para preguntarle por qué... se había ido –Maggie sacó un encendedor amarillo neón con la frase «Un día a la vez» impreso en él y encendió otro Marlboro Light. «¿A poco no es extraño?», preguntó Maggie, echando una nube de humo hacia el cielo.

Thomas sonrió y vio por la ventana. «Quizá no», dijo.

–Al día siguiente, no podía sacarme ese sueño de la cabeza, entonces llamé a mi amiga Gina –prosiguió Maggie. Gina era la madrina de Maggie en AA y la mujer que le habló por primera vez de nuestra iglesia.

Bernard se inclinó hacia ella. «¿Y ella qué dijo?».

–Ella me dijo: «¡Haz tus maletas, corazón! Me suena que es cosa de Dios.».

Todavía estaba tambaleándome por la conmoción, pero seguí de pie y comencé a caminar por la habitación. «Pero Maggie, ¿de dónde sacaste dinero para el boleto de avión?».

Maggie trabajaba como recepcionista en uno de los restaurantes más caros de Thackeray y apenas ganaba lo suficiente para salir a flote. Una vez pasé toda una noche ayudándola a escribir un plan de gastos. Cuando terminamos, ella insistía en echar todas sus tarjetas de crédito, que estaban hasta el tope, en una licuadora y hacer un puré con ellas. Tenía talento para el drama.

–Vendí mi coche para comprar el boleto de avión –dijo ella alegremente.

Me sostuve del respaldo de una silla para mantenerme en pie. «¿Hiciste qué?», pregunté.

–Y no te preocupes, de cualquier manera, estaba pensando en buscar otro trabajo –dijo ella, descartando mi incredulidad con un movimiento de su mano.

–¿Dejaste tu trabajo? –dije.

–Ese cantinero desagradable de Le Chateau no podía quitarme las manos de encima –dijo ella, temblando.

Cables cruzados hacían corto en mi cabeza. Una parte de mí estaba emocionada de ver a Maggie. Siempre había tenido una debilidad en mi corazón hacia ella. Cada día, ella tenía que hacer la elección entre tener una vida de culpa o una de gracia... generalmente tomaba la decisión correcta. Había superado muchas cosas, pero todavía estaba herida y hecha pedazos. Por otra parte, me sentía invadido, como si alguien, de manera descortés, hubiera llegado a mi fiesta privada. ¿Qué iba a hacer con ella?

Peter se levantó y estiró. «En cuanto a mí, estoy encantando de que estés aquí. Has llegado en el día correcto. Habíamos planeado llevar a Chase a Greccio esta mañana», dijo.

Eso era nuevo para mí.

Bernard frunció el ceño. «Peter, Maggie podría estar muy cansada de su viaje», dijo.

–¡Para nada! Estoy disponible y dispuesta –dijo Maggie.

Kenny se acercó para recoger la maleta de Maggie, pero Thomas le ganó en recogerla. Todos se estaban tropezando entre sí con tal de ayudarla.

–Le pediré a la hermana Raisa que prepare un cuarto para ti en el ala de invitados –dijo Bernard.

–¿Qué tal si todos nos reunimos en media hora frente a la capilla? –propuso Peter.

Todos corrieron a sus habitaciones para prepararse, salvo yo. Me senté en el borde de la mesa del desayuno y me quedé viendo los restos humeantes del cigarro de Maggie. Me preguntaba si mi peregrinaje se había desvanecido en el humo.

Kenny pidió prestada la camioneta del monasterio para que los seis pudiéramos ir a Greccio en un solo coche. En el camino, los demás le dieron a Maggie un curso intensivo sobre la vida del «Querido Santo». Ella no se mostró tan escéptica sobre Francisco como yo al principio; se apropió de cada una de sus palabras.

Cuando terminaron, Maggie me dio un codazo. «Ese tal Francisco era buena onda», dijo.

Todos se rieron. Se han escrito más libros sobre Francisco que sobre casi cualquier otro mortal en la historia y ella lograba reducir su vida a una sola y concisa frase adjetival: buena onda.

Maggie hurgaba dentro de su enorme bolsa de mano de vinil rosa, buscando un chicle. Sonaba como un plomero que revuelve su caja de herramientas. «Esas son buenas historias», dijo ella, «pero todavía no entiendo. ¿Qué sentido tienen?».

Bernard vio a Maggie a través del espejo retrovisor. Sus cejas estaban fruncidas. «¿Qué quieres decir?».

Maggie le quitó la envoltura a una pieza desgastada de Bubble Yum

Mega Cherry y se lo lanzó a la boca.

–Putnam Hill tiene una declaración de su misión. ¿Cuál era la de Francisco? –preguntó.

Estaba impresionado de la precisión láser de la pregunta de Maggie. Había hecho todas esas lecturas sobre Francisco, pero no se me había ocurrido pedir a mis nuevos amigos que me dijeran cuál era la misión de manera clara y precisa. Estaba tan interesado en la respuesta como lo estaba Maggie.

Kenny fue le primero en hablar. «La Regla de 1221 decía que los franciscanos 'proclamarán la Palabra de Dios de manera abierta, llamando a la gente a arrepentirse, creer y ser bautizados'».

Maggie arrugó su rostro y vio por la ventanilla. Hileras de olivos, casas color rosa pálido, con techos cubiertos de musgo y algún viejo ocasional en alguna bicicleta desvencijada punteaban el paisaje. Infló una bomba y la reventó. «¡Gran cosa! ¿No se supone que todos hacemos eso?».

Maggie era la persona más directa que jamás había conocido. Seis meses en la cárcel tienen la manera de enseñarle a uno cómo ir al grano.

–Es verdad –dijo Thomas. «Pero es la forma en la que Francisco predicó y evangelizó a las personas lo que lo hizo especial».

Kenny se estacionó en un delgado tramo de pasto a un lado de la carretera. A poca distancia, podíamos ver la ermita en la cumbre del Monte Lacerone. Al caminar hacia ella por el campo, Bernard nos habló un poco más sobre los antecedentes. «Francisco vino por primera vez a Greccio en 1217 y su prédica era tan poderosa que casi todo el pueblo se convirtió y se unió a su orden en ese momento. Uno de los nuevos creyentes era un hombre rico llamado Giovanni di Velita. Él decidió que conservar a Francisco en el lugar sería bueno para la comunidad, así es que le ofreció construirle una ermita».

Bernard estaba jadeando y resoplando de caminar en la ladera empinada. Peter siguió con la historia. «Al principio, Francisco dijo que no, preocupado porque sus hermanos estarían muy distraídos de su vida de oración si vivían en la aldea. Giovanni era persistente y Francisco finalmente cedió. Su única condición fue que la ermita que iban a construir estuviera muy cerca del pueblo. Así es que una noche le pidió a un niño que lanzara una antorcha encendida y dijo que donde fuera que cayera, ese sería el lugar para el nuevo retiro».

Maggie se rio. «Es una locura», dijo.

–Espera un poco –susurré.

Thomas apuntó hacia la ermita. «La antorcha voló más de kilómetro y medio de distancia... hasta aquí», dijo Thomas.

–El niño debe haber tenido un muy buen brazo –dijo Maggie.

Kenny se rio y puso su brazo alrededor de los hombros de Maggie. «Sí, me imagino que así fue».

Greccio deslumbró a Maggie. Era imposible seguirle el ritmo. Era como un colibrí revoloteando de un fresco a otro y de una cueva a otra. Pronto, Maggie descubrió el dormitorio en el que dormían Francisco y los frailes.

–¡Ay! Yo pensaba que mi departamento era chiquito. ¿Cómo cabían todos ellos en este lugar? –preguntó, viendo a su alrededor.

Thomas la tomó de la mano. «Ven a ver esto», le dijo con amabilidad. Señaló hacía un punto en una de las paredes. «¿Qué es lo que ves?», preguntó Thomas.

Maggie vio más de cerca y entrecerró los ojos. «Se ve como una cruz», respondió.

–Los espacios de alojamiento eran tan reducidos que cada uno de los frailes tenía asignado un lugar que Francisco marcaba pintando una cruz en la pared –dijo Thomas.

–¡Vaya! Estos tipos era muy serios –susurró Maggie.

Bernard apareció en la puerta. «Maggie, sígueme, por favor. Quiero enseñarte algo más», dijo.

Sabía que ellos habían estado en la ermita cientos de veces antes, pero verla a través de los ojos de Maggie estaba llenando de vida el espacio nuevamente.

Bernard guió a Maggie, y al resto de nosotros, hacia otra cueva, en la que él entrelazó sus manos detrás de la espalda y se balanceó de atrás hacia delante en sus talones. «Esto,», anunció, «se llama la Capilla de Presepio».

–Es grandiosa –dije. No era muy diferente de las otras cuevas que habíamos visto, pero Bernard claramente pensaba que era especial, así es que pensé que lo mejor era bromear con él.

Bernard sonrió. «¿Sabes que fue lo que pasó justamente en el lugar en el que estás parado?».

Vi a mi alrededor para encontrar alguna pista. «No tengo la men...».

—Éste es el lugar de la primera escena en vivo del Nacimiento, de la primera obra de Navidad que se representó —dijo.

—Estás bromeando —dijo Maggie.

Bernard dijo, «No, es verdad. Pasó aquí mismo en esta capilla».

Nuestro pequeño grupo rodeaba a Bernard como una herradura mientras contaba la historia. «Fue el día antes de Navidad en 1223. Francisco les dijo a los aldeanos que quería hacer algo especial para celebrar el nacimiento de Jesús. Celebraría una misa de Navidad al aire libre. En aquellos días eso era completamente inusual. La gente del pueblo se puso a limpiar el lugar a toda velocidad, mientras el hombre que hacía velas en la aldea comenzaba a hacer unas para el altar. Después Francisco tuvo otra idea: entre todos recrearían la escena del pesebre, completa con un buey y un burro vivos. ¡Nadie había oído algo semejante! En ese momento los granjeros corrieron, discutiendo sobre el ganado de quién sería el que estelarizaría la celebración. Después Francisco caminó por la aldea, escogiendo a algunos lugareños para interpretar los papeles de María, José, los pastores, los ángeles y los magos. Esa noche, cuando todo estaba listo, el pueblo entero estuvo presente. La noche se iluminó con velas y antorchas. La gente cantó maitines y vio cómo la Navidad fue representada justo frente a sus ojos. Francisco cantó la lectura del evangelio y predicó con tanta pasión sobre el milagro de la disposición de Dios a visitarnos bajo la forma de un infante, que algunos dijeron que realmente vieron que los ojos del bebé de juguete se abrían. Por una noche, Francisco transformó Greccio en Belén».

Estaba tan embelesado por el relato de Bernard que me imaginé a mí mismo como un pequeño niño dando vueltas de un lado a otro con tal de alcanzar a ver la escena de la Navidad por en medio de las piernas de los adultos. Olí el humo de las velas del altar improvisado mezclado con el olor de los animales y del heno húmedo. Ésta no era la prístina escena de Navidad alrededor de la cual había cantado villancicos toda mi vida. Francisco estaba revelándome la verdadera naturaleza de la Encarnación: el momento en que lo Divino colisionó con la cruda cotidianeidad de nuestro mundo. Todas mis nociones románticas sobre el nacimiento de Jesús cayeron como una cortina, revelando su belleza terrenal. Nunca volvería a pensar en eso de la misma manera.

–¿Y ese fue el primer Nacimiento? –preguntó Maggie.

–Así es –respondió Bernard.

Un grupo de turistas estaban empujando la puerta, esperando para entrar a la capilla. Un guía irritado hizo un gesto de "fuera de aquí" a Bernard. Aparentemente, habíamos abusado de la hospitalidad.

–Vamos afuera –susurró Kenny.

Salimos a un patio de piedra desde el que se veía el valle y el pueblo de Greccio, reluciente en el sol de la tarde. A un lado había amplios escalones que abrazaban y rodeaban a la pequeña iglesia, en los que los seis nos sentamos a la sombra de una mora nudosa. Desde dentro del santuario, podíamos oír débilmente el sonido de un grupo de peregrinos que cantaban coros de adoración. Las canciones eran viejos estribillos de los setenta, pero no importaba: la seriedad de sus voces era conmovedora. En las ramas sobre nuestros cabezas, una familia de alondras cantaba junto con ellos.

–Chase, ¿lo puedes creer? –preguntó Maggie. «¡Estuvimos en el lugar exacto en que se hizo la primera obra de Navidad! La gente debió de haber quedado impresionada».

Peter acomodó su hábito de forma que pudiera sentarse de manera más cómoda. «Nadie había visto ese tipo de espectáculo», dijo. «La mayoría de la gente iba a Misa de Navidad esperando oír la historia de la Navidad y una homilía aburrida. Si los relojes se hubieran inventado en esos días, habrían estado viéndolos todo el tiempo. Francisco quería despertar a su público a lo verdaderamente milagroso del nacimiento de Dios. Él evitaba predicar las doctrinas y los dogmas, porque creía que la conversión sucedía más en el plano de la experiencia que en el de la razón –dijo Peter.

Maggie me cerró el ojo. «Tú podrías aprender algo sobre eso de Francisco», dijo. Antes de que pudiera abrir mi boca, se volvió hacia mí de nuevo y dijo: «Con todo respeto».

Sonreí. «No te preocupes», dije.

–El objetivo de la predicación de Francisco era claro. Quería que la gente tuviera *shalom* –dijo Bernard.

–¿Quieres decir paz? –preguntó Maggie.

–Sí, pero más que paz. *Shalom* es una profunda armonía con el universo –dijo Bernard. «Cuando el pecado entró en el mundo, rompió la amistad que alguna vez tuvimos con Dios, con la demás gente, con nosotros mismos, con nuestros cuerpos y con el ambiente. Nuestras relaciones espirituales, sociales, psicológicas, físicas y ecológicas se rompieron. Francisco predicaba un evangelio que era holístico. Quería que quienes lo oyeran repararan todas esas dimensiones descompuestas de sus vidas. La conversión significaba estar reconciliado y restaurado en cada aspecto de la vida. Para Francisco, eso sólo podía pasar por medio de la sangre de Jesús, viviendo las palabras de las Escrituras y ajustando nuestras vidas al evangelio».

–Francisco era todo lo que los predicadores medievales no eran –añadió Kenny. «Para empezar, era auténtico. Hablaba de la única cosa que conocía: su propia vida. Dijo: 'Así es como Jesús me conoció: en mis pecados y así es como Él puede conocerlos, en los suyos'. Era autobiografía, no una conferencia».

–En la Edad Media, los sermones se daban en latín –continuó Bernard. «Pero Francisco insistía en hablar en el nuevo dialecto italiano para que la gente común pudiera entenderlo. Llenaba sus sermones con historias y metáforas. Si quería que supieras que las malas compañías llevan a malos hábitos, metía su mano en una cubeta llena de brea y la sacaba para que uno pudiera ver por uno mismo. Si quería que uno viera que el amor por el dinero era la raíz de todo mal, hacía que alguno de sus frailes escupiera monedas sobre una pila de excrementos de caballo. Y si no sabía cómo decir algo con palabras, tomaba un instrumento y cantaba. Era tan animado que la gente lo llamaba la "Lengua Viviente". En vez de la predicación melancólica que prevalecía en esos días, los sermones de Francisco eran hilarantes».

–Lo mejor de todo, ordenaba a sus frailes que sus sermones fueran breves porque el Señor mismo fue parco en la Tierra –dijo Kenny.

Maggie me picó con un dedo en el costado. «Tienes que tratar de ser breve», dijo.

–¡Qué chistosa! –dije, empujando suavemente a Maggie con mi hombro.

–Ahora que lo pienso, *predicación* no es la mejor palabra para lo que Francisco hacía. *Dialogar* es mejor palabra –dijo Peter. «En la Edad Media, la mayoría de la predicación era bastante manipuladora. Todo era una amenaza de condenación, el infierno y el juicio. Así era como la Iglesia mantenía a las personas en orden y como protegía la base de su poder. Los clérigos querían que la gente creyera que la Iglesia tenía las llaves del cielo y que no había manera de ser salvos sin la ayuda de ella.

Francisco no quería ser parte de eso. Él era siempre cortés, respetuoso y hablaba sin parar de la piedad y la gentileza de Dios: un Dios que estaba dispuesto a entrar en la historia humana y rescatarnos, un Dios que era cercano, no distante ni frío. Su mensaje realmente era 'buenas noticias' para las personas a quien les habían enseñado que había seis grados de separación entre Dios y sus desdichadas vidas».

Thomas aclaró su garganta. «Un predicador verdaderamente grande no es alguien con el título de un seminario que explica el evangelio, es alguien que *es* el evangelio. Francisco se deshizo de cada una de sus posesiones porque quería que las personas vieran que era posible confiar en Jesús para todo. Iba a todas partes descalzo, besaba las lesiones de los leprosos y los bañaba para que ellos conocieran el amor de Dios. A mitad del invierno daba la ropa que vestía a la gente que se estaba muriendo de frío y les agradecía por la oportunidad de hacerlo. Predicaba con el ejemplo y todos lo sabían. Podía pararse frente a una multitud y leer el directorio telefónico y la gente habría dejado sus vidas al pie de la cruz», dijo Thomas.

Kenny sonrió.

–Francisco era más que un divertido predicador callejero. No quería acercar a la gente a la fe por medio de argumentos teológicos ni razonando con ellos. Su manera de evangelizar a las personas era por medio del ejemplo de su propia vida. Eso era lo que daba a sus palabras tanta seriedad e impacto. Su vida era su teología. Él dijo una vez: «No tiene caso ir a ningún lugar a predicar salvo que tu trayecto sea en sí mismo predicación». Enseñó a sus frailes que predicar las buenas nuevas era inútil salvo que ellos *fueran* las buenas noticias. «¡Predica en todo momento! Era uno de sus dichos favoritos».

Maggie bostezó. Repentinamente se veía muy cansada.

–Creo que para Maggie ya fue suficiente por este día. Vámonos a casa, ¿no? –preguntó Peter.

Ellos iban silenciosos en el camino de regreso a Asís. Peter puso un casete de la *Tosca* de Puccini mientras Maggie ponía su cabeza en el hombro de Thomas y dormitaba. Llegamos al monasterio un poco después de las cinco.

Los ojos de Maggie todavía estaban medio cerrados. «Todavía me gustaría tomar una pequeña siesta. ¿Está bien?», me preguntó Maggie.

–Claro. ¿Y después a cenar?

Ella ahogó un bostezo. «Sí, despiértame en una hora porque si no, no podré dormir después», dijo.

Maggie fue a su cuarto y yo subí las escaleras hacia la oficina principal. Bernard había arreglado las cosas para que pudiera usar la computadora del monasterio y que así no tuviera que seguir caminando al café internet para revisar mis mensajes de correo electrónico. Desafortunadamente, se trataba de una conexión por medio del teléfono y era lentísima para descargar las cosas.

Uno de los mensajes era de Carla. Descubrió que un nuevo fagotista de la sinfónica era cristiano. Él de le dijo sobre una buena iglesia en Roma, así como de un grupo de estudio de la Biblia que atraía a muchos artistas y músicos. Se ofreció a llevarla a ambos. «De verdad creo que Dios busca algo en mi vida», escribió Carla. «Conocerlos a ti y a este fagotista en el mismo mes no puede ser una coincidencia. ¿No crees que alguien está tratando de decirme algo?».

El siguiente mensaje era de Ed, preguntando si había leído el que me había mandado antes. Los adultos mayores querían saber si regresaría durante la semana siguiente. Claramente, comenzaban a ponerse nerviosos.

El último mensaje era particularmente intrigante. Era de Chip.

Querido Chase:
¡Hola! ¿O debería decir, «*Buongiorno*»? Espero que tu estadía en Italia sea de maravilla y que hayas tenido tiempo de pensar y descansar. No tienes que preocuparte por nada de la iglesia. Le he pedido a uno de nuestros voluntarios adultos que se encargue del programa senior mientras te sustituyo y todo está

funcionando sin contratiempos (¡aunque te extrañamos!). Tengo una pequeña pregunta. La empresa que audita las finanzas de la iglesia ha estado cerrando los libros. Tienen algunas preguntas sobre la cuenta discrecional del pastor. Dicen que el año pasado firmaste tres cheques para ti mismo, que suman dos mil dólares estadounidenses y quieren saber para qué fueron. Por supuesto, les aseguré que tú jamás harías algo que fuera financieramente indebido, pero de cualquier manera quieren una explicación. Por todo lo que ha pasado, pensé que lo mejor sería ir directamente al comité de finanzas y con los adultos mayores para comunicarles estas preocupaciones. Si se supiera que los auditores están nerviosos sobre algo que tú hiciste, no quisiera que ellos fueran los últimos en enterarse.

Sé que todos están ansiosos por tu regreso la próxima semana. ¿Te voy a recoger al aeropuerto?

Tengo ganas de verte, amigo.

Chip

–¡Ya ves! Te dije que era una víbora –dijo Maggie. Había conseguido una mesa en el Grand Hotel de Asís. Estaba fuera de mis posibilidades económicas, pero quería que la primera comida de Maggie en Asís fuera de lo mejor. Había impreso el mensaje de Chip y se lo había dado a leer durante la cena.

–No tenía que ir con los del comité de finanzas o con los adultos mayores primero –dijo ella. «Podría haberte escrito directamente y preguntarte para qué habían sido esos cheques. Ya te lo había dicho, ese tipo quiere tu trabajo», dijo, apuntándome con su índice. «Por cierto, ¿qué es la cuenta discrecional del pastor?».

–Es un fondo que los adultos mayores me dieron para ayudar a los miembros de la Iglesia que tuvieran alguna necesidad. Sólo hay otras dos personas, aparte de mí, que están autorizadas para saber a dónde va ese dinero: el tesorero de la iglesia y el auditor.

Maggie se sirvió un vaso de Pellegrino. «No es que no confíe en ti, pero ¿por qué *firmaste* esos cheques?».

Me debatía sobre si podía decírselo de una manera que no afectara la confidencialidad de nadie. «Un miembro de nuestro equipo de trabajo necesitaba ir a un psiquiatra por un problema de depresión, pero no le alcanzaba el dinero para hacerlo. Esta persona temía que, si alguien veía su nombre en el saldo contable, empezarían a hacerse preguntas. Le di el dinero a ese miembro del equipo de mi propio bolsillo».

–Y después te reembolsaste a ti mismo –dijo Maggie, sumando dos más dos. «Tienes algún recibo, ¿verdad?».

–En el escritorio de mi departamento.

Levantó los brazos. «Caso cerrado».

–Sí y no. Ahora Chip ha plantado dudas en la mente de las personas sobre mi integridad –dije. «Parece que tenías razón sobre él».

–¿Y ahora qué?

–Le escribiré a Ed y le diré que tengo documentación de respaldo de los cheques. Desafortunadamente, es probable que sea demasiado tarde para controlar los daños –dije.

Maggie tomó un trago de agua mineral. «¿Qué le vas a decir sobre lo de regresar?».

Pensé por un momento. «Hoy es jueves. Le voy a decir que regreso el lunes, para que pueda programar una reunión con los adultos mayores para el miércoles. No es que tenga muchas ganas de estar ahí». Sentía una especie de carga incómoda sobre mi pecho.

–Cambiaré mi reservación para poder regresar contigo.

–Maggie, no hagas eso. Nunca antes has estado en Europa. No te puedes ir sin ver Roma –dije.

Maggie meneó su cabeza. «Vas de vuelta al avispero. Vas a necesitar todo el apoyo que puedas».

Maggie había resultado ser una increíble amiga y me preguntaba si merecía su devoción. Vi su rostro con el brillo de la vela sobre la mesa. Cada línea marcada alrededor de sus ojos contaba una historia de sabiduría que había adquirido de la manera complicada. Era afortunado de conocerla. Puse mis manos en las suyas. «Gracias, Maggie», dije.

El mesero llevó nuestra comida y Maggie se lanzó sobre ella. Varias veces, cerraba los ojos y hacía sonidos como si estuviera en éxtasis.

–¿Qué le vas a decir a los adultos mayores? –preguntó cuando llegaron el postre y el café.

Estábamos sentados al lado de unas puertas francesas que iban del suelo al techo, con vista al valle. Los últimos vestigios de luz hacían que las puntas cafés de los pastos altos se vieran de color púrpura y azul.

–Cuando me fui, amaba a Jesús, pero estaba cansado del cristianismo –dije. «Trataba de culpar de todo a la subcultura cristiana completa, pero eso no era justo.

Aquí he aprendido que nadie es mi problema, sino yo mismo.

Francisco nunca juzgó a la Iglesia, aunque no le gustaba lo que ella estaba haciendo. ¿Qué derecho tengo yo de juzgarla? Sólo quiero algo más espiritualmente». Me eché a la boca un pedazo del famoso pastel de queso ricotta cremoso del hotel. De hecho, podía oír cómo subían mis niveles de colesterol.

–Todo está bien, pero ¿qué les vas a *decir* a ellos cuando te pregunten qué sigue?

–Todavía no estoy seguro. Pero quiero pedirte un favor –dije.

Maggie aplastó la última parte de su cigarro en el dorso de su mano. «Dime qué hacer», respondió ella, encendiéndolo.

–Me gustaría que leyeras mi diario.

Maggie estaba en silencio. «¿Estás loco? Yo no le enseñaría mi diario a nadie. Le dije a Gina que si alguna vez me muero, ella tendría que hacerse de mis diarios y después quemarlos».

Saqué mi diario de mi mochila y se lo pasé. «Ahí hay mucho que puede sorprenderte, especialmente porque soy tu pastor».

Maggie acarició el diario. «¿Bromeas? ¿A pesar de mi historia?», dijo ella. «Tengo más equipaje que Samsonite y Coach juntos».

–Hay mucho sobre Francisco también.

–¿Estaría bien si se lo mando a Regina? Podría imprimir las partes más jugosas en el boletín informativo de la iglesia.

Me reí. «¿Por qué no?», dije. «No podría meterme en más problemas que en los que ya estoy ahora».

Maggie apretó mi diario contra su pecho. «De verdad, me siento honrada. Tu diario está seguro conmigo», dijo ella.

–Lo sé –respondí. Por primera vez en mi vida, estaba compartiendo mi peregrinaje con alguien más.

Diario
El monasterio, 11:30 pm

Querido Francisco:
Las cosas se están poniendo interesantes. Maggie cayó del cielo hoy. Chip quiere mi puesto. La próxima semana tengo que viajar a mi casa. Y probablemente todo esto es sólo el principio.

El hermano James (un fraile en San Rufino) me dio un pequeño libro sobre ti, llamado *San Francisco y la tontería de Dios*. Es magnífico. Aquí hay fragmento que me conmovió: «Es claro que hoy, justamente como en tiempos de Francisco, el Espíritu está levantando comunidades cristianas contraculturales en un tiempo en el que la gente de Dios necesita enormemente del apoyo y del desafío que tales grupos pueden aportar. Esta 'comunidad de comunidades', como la he llamado, se esfuerza por vivir como si las prioridades de la sociedad moderna no siguieran manteniendo el dominio, como si los valores del Reino de Dios ya operaran en la sociedad moderna... La experiencia de Francisco, aunque sea distante en la historia, provee un rayo de esperanza para este nuevo momento. Hoy, también hay una necesidad de 'reconstruir mi Iglesia' y la reconstrucción promete suceder en y por medio de este movimiento de comunidades... En las comunidades nos unimos con montones de hombres y mujeres llenos de fe para vivir los grandes 'como si' de la política y la teología. Políticamente, vivimos como si nuestra nación todavía estuviera apegada a sus documentos fundacionales de libertad y justicia para todos, como si las personas valieran por sí mismas y no por su posición económica o social, como si el consumismo y el centro comercial no determinaran el significado de nuestras vidas... Vivir estos 'como si' en medio de la comunidad crea una posibilidad profética a un nivel local, el espacio para modelar cómo pueden ser las cosas, cómo deben ser y cómo serán un día».

Crecí en una fe que era altamente individualista. Hablábamos de lo personal: evangelismo personal, relación personal con Cristo y devociones personales. Disfrutábamos de cierto «compañerismo», pero nunca hablamos mucho sobre el poder de la comunidad y cómo puede cambiar las vidas individuales y el mundo. La idea de que la Iglesia sea un «como si» de gente que vive junta como si el reino estuviera «ya aquí por completo» es inspirador para mí.

Aquí va una última cita: «En realidad a Francisco se le ha llamado el 'primer protestante' por su reforma desde dentro del cuerpo de la Iglesia. Él veía esa reforma como siempre necesaria, dada la fragilidad y la pecaminosidad de la institución humana... Él y sus comunidades transitaron el camino más difícil: permanecer en una Iglesia llena de pecado al tiempo que le ofrecían un desafío profético. Él y sus primeras comunidades sirvieron como una crítica constante a la Iglesia, viviendo, como lo hicieron, el evangelio sin lustre, un testigo que llamaba a toda la casa de la fe a hacer lo mismo. A la ostentación de la Iglesia, su desatención de los pobres, su descuido de las responsabilidades pastorales, su complicidad con la violencia del Estado y su situación general de declive, el emergente movimiento franciscano le ofreció tanto una fuerte condena como un correctivo. Fue el ejemplo comunal de Francisco y sus seguidores, más que su retórica, lo que ofreció una crítica y planteó un desafío».

El último enunciado es muy convincente. Francisco, tú cambiaste la Iglesia (de hecho, la volviste a evangelizar), no a través de la crítica, sino por medio de la formación de una comunidad que la cofundó. En los últimos años, he sido un crítico santurrón de la Iglesia y de toda la cristiandad. Debo de abandonar eso. La hermana Irene me dijo el otro día que «nadie es un problema más que tú mismo». ¿Quizá deba tratar de vivir el «evangelio sin lustre» y mantener cerrada mi boca?

Tu amigo,

Chase

P.D. Le di mi diario a Maggie por eso uso mi computadora para escribirte. Ojalá no te moleste la tecnología.

X

*Uno llega más rápido al cielo desde
una choza que desde un palacio.*

SAN FRANCISCO DE ASÍS

Pasé buena parte de la mañana del viernes al teléfono con Alitalia tratando de cambiar el boleto de Maggie. Cada vez que pensaba que habíamos resuelto el asunto, el encargado encontraba alguna otra absurda reglamentación oscura de la aerolínea, que llevaba a que Maggie tuviera que comprar un boleto nuevo. Después de dos horas, tres supervisores hastiados y un puñado de píldoras de Advil, icé una bandera blanca. No se lo dije a Maggie, pero tuve que apoquinar más de 735 dólares para conseguir que los dos fuéramos en el mismo vuelo. Después, le mandé un correo electrónico a Ed avisándole que regresaría la noche del domingo, pero no mencioné que Maggie estaba conmigo. Que supieran que estuve de viaje en Italia con una mujer de la congregación habría sido fatal. Me mandó un mensaje de texto como respuesta, diciendo que probablemente podría organizar una reunión con los adultos mayores para el lunes en la noche. Yo hubiera querido tener más tiempo para prepararme, pero los adultos mayores estaban ansiosos.

Decirle estas noticias a mis nuevos amigos iba a ser difícil. Debía contarle a Kenny primero, pero no me entusiasmaba la idea de hacerlo. Serpenteé al subir por las escaleras hacia la oficina del guardián. Podía oír a Kenny al teléfono, riendo y hablando en italiano. Asomé la cabeza por la puerta y me hizo señas de que entrara. Me senté y vi las revistas que estaban en la mesa de centro, buscando algo que estuviera en inglés.

Kenny colgó y se dejó caer en la silla que estaba frente a mí. «¿Entonces?», preguntó él, sonriendo.

–Kenny, me voy el domingo en la noche –dije.

La sonrisa desapareció de la cara de Kenny. Miró con atención dentro de mis ojos. Estaba haciendo un inventario, tratando de entender si yo estaba listo para lo que se me venía encima. «¿Cómo te sientes?», preguntó.

–Espantado –dije.

–¿Sabes lo que le vas a decir a esa gente?

–Todavía no.

Kenny asintió. «Lo sabrás».

–Kenny, apenas y puedo...

Kenny puso su dedo sobre sus labios y me calló. «Todavía no. Vamos a tener tiempo más que suficiente para despedirnos después. Vamos a contarle a los demás», dijo, levantándose. Tomé su mano extendida y él me jaló de la silla.

Caminamos por el pasillo y salimos a la veranda del segundo piso. Peter y Bernard estaban sentados alrededor de una mesa de hierro forjado para exteriores, jugando ajedrez. Una gran sombrilla verde, al centro de la mesa, los protegía del brillo enceguecedor del sol de la mañana. Thomas estaba sentado frente a un caballete pintando la fortaleza Rocca Maggiore que se localizaba en la ladera del monte que estaba sobre nosotros. Como bata, vestía una camisa roja de tartán que se veía más vieja que yo. Era día de lavar la ropa, por eso todos estaban de civiles.

–Veo que todos han colgado sus hábitos –dije. Ninguno se tomó el tiempo de voltear a verme.

Peter movió su torre. «Muy chistoso, Chase. ¿Quién escribe tus chistes?».

–Nunca había oído ese –murmuró Bernard.

–Chase y Maggie se van el domingo en la noche –anunció Kenny.

Todos detuvieron lo que estaban haciendo y me miraron boquiabiertos como si acabara de atropellar a sus perros. Habíamos forjado un fuerte vínculo entre nosotros en esas pocas semanas, en las que habíamos evitado el tema de mi inevitable partida.

Bernard se levantó disparado de su silla. «Pero ¿y Maggie?».

–¿Qué con ella? –pregunté.

–¡No ha visitado Roma! –respondió.

–¿No ha visitado Roma? –dijeron los otros al unísono. Esto comenzaba a sonar como el coro de una ópera de Gilbert y Sullivan.

–Bueno, ella decidió...

–Eso es inaceptable, no se puede venir a Italia y no ver Roma –dijo Peter indignado. «Dile a Maggie que empaque ahora mismo. Bernard, llama a la Residenza Madri Pie y reserva las habitaciones».

Thomas movió su caballete. «¿Puedo ayudar?», preguntó.

–Saca nuestros hábitos de la secadora –dijo Peter mirando sobre su hombro, al tiempo que se pasaba apresuradamente por las puertas francesas.

De pronto, sólo quedamos Kenny y yo en la veranda. Se recargó en el barandal de hierro desportillado. «Todavía no quieren despedirse», dijo.

Suspiré. «Todavía tenemos dos días completos», dije.

Kenny le dio un golpecito de lado a su cigarro y puso su mano en mi hombro. «Hagamos que sean hermosos», contestó.

La noche del viernes permanece en mi memoria como una de las más inolvidables de mi vida. Nos registramos en Madri Pie alrededor de las cinco y acordamos reunirnos en la sala de estar del hotel a las siete, para ir a cenar. Llamé a Carla para ver si estaba en Roma, pero según su máquina contestadora, estaba en Praga, con la sinfónica, hasta el martes. Dejé un mensaje diciendo que me iba de Italia, pero que estaría en comunicación. Cuando bajé a la sala, era claro que Maggie había tomado el control de la tropa. Roma es una ciudad de pasión, belleza eterna y vida palpitante. El motor de Maggie estaba preparado y estaba lista y esperando en la pista. Vestía un pantalón de mezclilla negra ajustado y abierto, blusa violeta acanalada sobre una camiseta blanca sin magas que enfatizaba la perforación de su ombligo. Al principio, nuestros amigos bajaron en sus hábitos, pero Maggie les ordenó que regresaran a sus cuartos a cambiarse. Volvieron en su ropa normal, la cual habría llevado a Armani al paroxismo de la desesperación. Maggie sostenía una guía de turistas que encontró en su cuarto y ya había circulado los lugares a los que quería ir.

Reunió a nuestros amigos en un corrillo. «Señores, ¿cuándo fue la última vez que salieron a bailar?», preguntó.

Todos arrastraron los pies y se vieron unos a otros.

–Justo después de la guerra –dijo Thomas finalmente.

Peter se rio. «¿Cuál guerra?».

–No quieres saber –respondió Kenny.

–Quizá esta noche sea mi última noche en Roma, por eso planeo hacer que valga la pena –les advirtió Maggie, al cerrar su guía de turistas. Los clubes de moda de Roma están en Monte Testaccio y a lo largo de la cercana Vía Ostiensis. Nos saciamos con una magnífica cena mientras veíamos a italianos hípsters merodear por las calles, esperando a que los clubes abrieran. Maggie nos entretenía contándonos chistes de color, con voz tan subida que la gente de las mesas cercanas se reía con nosotros.

Cerca de las 10, nos llevó a un club llamado Alpheus que tenía cuatro pistas de bailes separadas, cada una con diferente tipo de música. El bajo con frecuencias que salían de las bocinas de subgraves conmocionaba de tal manera que sentía como si alguien me golpeara el pecho con la plancha metálica de una pala. Al principio no sabía cómo reaccionarían nuestros amigos. Para mi sorpresa, se metieron de lleno en el momento. Querían que fuera la mejor noche de la vida de Maggie y los amé por eso. Toda la escena era como una rutina de Saturday Night Live: cuatro frailes franciscanos bailando bajo las luces estroboscópicas con una ex convicta, oyendo la música de Snoop Dogg. Maggie incluso logró convencer a Thomas de bailar media canción con él. Sin embargo, Bernard fue la estrella de la noche. Era imposible moverlo de la pista. Ahí estaba él, empapado en sudor, dando vueltas y meneando su trasero titánico mientras el resto de nosotros nos doblábamos de la risa; parecía que iba a hacer berrinche cuando le dijimos que era hora de irnos.

Cuando regresamos a Madri Pie era más de la una. Thomas, Maggie y yo subimos en el elevador a nuestros cuartos. Cuando estaba a punto de bajarse en su piso, Thomas mantuvo la puerta abierta y se volvió hacia nosotros. «Quiero llevarlos a un lugar mañana en la mañana», dijo.

Maggie y yo nos vimos el uno hacia el otro.

–Sí –dijo Maggie, dudosa. «¿A qué hora?».

–No te preocupes. Yo vengo y los despierto –dijo, mientras soltaba la puerta y caminaba por el pasillo tenuemente iluminado.

Cuatro horas después, Maggie y yo no sentamos como zombis en el asiento trasero de un taxi. Thomas había tocado a nuestras puertas a las cinco. Si hubiéramos sabido que esa era su idea de «la mañana», quizá le habríamos dado una respuesta diferente. Cuando recorríamos las calles de Roma vacías y empapadas por la lluvia, Thomas fue evasivo sobre adónde íbamos. Una cosa era clara: no íbamos a un lugar elegante para desayunar.

Por nuestras ventanillas veíamos edificios decrépitos, coches abandonados y banquetas cubiertas de basura.

El taxi se detuvo frente a una vieja iglesia que estaba junto a un edificio de apariencia moderna, con un corredor de cristal, que era un anexo de la construcción. Había un grupo heterogéneo de personas amontonadas alrededor del lugar. Algunos estaban sentados, recargados contra una de las paredes del edificio, medio dormidos; mientras que otros se reunían en pequeños grupos, fumando y hablando. Si el espíritu de la resignación fuera un olor, ahí habría apestado. Caminamos entre la multitud hacia el edificio y Thomas tocó el timbre. A través de la puerta de cristal, pude ver a una mujer que se acercaba recorriendo el pasillo, con un montón de llaves en sus manos. Cuando vio a Thomas su cara se iluminó y no podía abrir los cerrojos con suficiente rapidez.

–*Tomaso* –gritó, lanzando sus brazos alrededor de la pequeña estructura de Thomas y besándolo en ambas mejillas.

–Angelina, ellos son mis amigos –dijo Thomas en inglés. «Estamos aquí para ayudar».

Angelina nos abrazó cálidamente. «¡Maravilloso!», dijo ella. «¿De dónde son?».

–Connecticut –respondí. «Justo en las afueras de la ciudad de Nueva York».

Angelina puso su mano en mi hombro y me vio juguetonamente. «No eres fanático de los Yankees, ¿verdad?».

–Me temo que sí –reí.

–Muy mal. Yo soy de Cleveland, entonces, estás en territorio indio –dijo ella.

Angelina y Thomas hablaron en un italiano trepidante, mientras Maggie y yo caminábamos lentamente detrás de ellos. Un foco fluorescente y parpadeante realizaba un honorable y débil intento por iluminar el oscuro corredor. El ambiente habría sido completamente deprimente de no haber sido por el olor a pan caliente y a café recién hecho que flotaba de manera tenue por el pasillo.

–¿Dónde estamos exactamente? –preguntó Maggie, viendo a su alrededor en busca de pistas. –Están en la Comunitá del Poverello d'Assisi. Somos un comedor comunitario –contestó Angelina con cuidado.

Dimos vuelta en una esquina y entramos a una cocina de tamaño industrial donde una multitud de personas preparaban desayunos atareadamente. Los cocineros voluntarios y quienes servirían la comida gritaron de emoción cuando vieron a Thomas. Dejaron por un momento su trabajo y limpiaron sus manos en sus delantales para poder abrazarlo. Cuando Thomas saludó a cada uno de ellos, Angelina nos sentó a los tres en una mesa en el comedor vacío para servirnos algo de café.

–Estás bastante lejos de Cleveland –dijo Maggie.

Angelina asintió y sopló en su café para enfriarlo. «Vine aquí como estudiante extranjera de intercambio en 1968 y nunca volví».

–¿Por qué no? –pregunté.

–Conocí a otro estudiante, Giacomo Cavaccone, en el club de jóvenes católicos de la universidad. Me invitó a un grupo que se reunía en su departamento para hablar sobre cómo vivir el evangelio. Estudiábamos la vida de Francisco y decidimos que era difícil ser cristianos y no estar con los pobres. Entonces, empezamos a deambular por los barrios bajos de Roma haciéndonos amigos de los vagabundos y alimentándolos. No sabíamos que se convertiría en todo esto –dijo, señalando las instalaciones.

–¿Giacomo está aquí? –preguntó Maggie, mirando alrededor de la cocina.

–Está visitando una de nuestras casas en Nicaragua –respondió Angelina.

–¿Nicaragua? –pregunté.

–Tenemos casas en 46 países. Hay 10 mil voluntarios laicos –contestó Angelina.

Maggie silbó con asombro.

–¿Cómo conociste a Thomas? –pregunté.

Angelina tocó la mano de Thomas. «Todos conocen a Thomas», dijo.

–¡Tomaso, ven con nosotros a la cocina! –gritó alguien. Thomas se disculpó y fue con ellos.

Angelina tomó la jarra y nos sirvió más café. «Entonces, ¿tú estás en un peregrinaje?», dijo ella.

Moví mi cabeza y reí. Parecía que a cualquier lugar que iba en Italia, la gente había oído una sesión informativa sobre mi vida. «Sí», respondí. «Nos vamos a casa el domingo por la noche». –Viniste al lugar indicado para terminar tu viaje –dijo ella. «Para conocer a Francisco, hay que conocer a los pobres».

–Angelina, ya vamos a abrir las puertas –avisó un hombre.

Angelina recogió dos delantales de una de las mesas de al lado y nos los lanzó. Amarró los cordones de su delantal. «Llegó la hora de recibir a Jesús», dijo.

Las dos horas siguientes, Maggie y yo ayudamos a servir los desayunos a quienes parecían ser una oleada interminable de personas sin hogar. Eran lo más precario de la humanidad: los enfermos mentales, los drogadictos, los ancianos olvidados y los niños de ropas andrajosas de mesa en mesa. Algunos de los huéspedes se mostraban agradecidos, otros no parecían apreciarlo y ni nos veían a los ojos.

Maggie estaba en su elemento. Una madre cansada se alegró de poder dejar a Maggie cargar a su bebé. Maggie caminaba por el comedor meciendo juguetonamente al bebé risueño en la curva de su brazo. Aunque no sabía ni una sola palabra de italiano, se desenvolvió en el lugar como si estuviera en campaña para ser alcalde. Adondequiera que iba, la seguían estruendos de risa.

Angelina siguió con nuestra conversación por momentos, conforme poníamos comida y bebida en las mesas. «Francisco solía decir que él estaba casado con la Señora Pobreza», dijo ella, levantando su voz sobre el ruido.

Usé una esquina de mi delantal para limpiar el sudor de mi cara. «¿Qué significa eso?».

–La pobreza era la piedra angular de su ministerio.

Los dos comenzamos a recoger platos para hacer espacio para la siguiente ronda de visitantes. Angelina continuó. «Hay una metáfora en la historia de Francisco en la que se desnuda públicamente ante el obispo Guido mientras regresa el dinero que había robado a su padre. Simbolizaba su rechazo de una cultura de maniática que busca la riqueza y el estatus, y a la que él pertenecía. No quería tener nada que ver con el mundo burgués en el que había crecido. Desde ese momento, se comprometió a sí mismo a vivir una vida de pobreza y a servir a los pobres».

Desapareció entre la multitud, llevando consigo una charola de trastes sucios. Cuando le pasaba una esponja a la mesa, pensaba sobre lo que había dicho. No era posible leer nada sobre Francisco que no hablara de su devoción a la pobreza. De hecho, despreciaba el dinero. El único requisito para ingresar a la Orden Franciscana era vender todo lo que uno tenía y darlo a los pobres. Angelina regresó pronto con platos limpios y empezó a volver a preparar la mesa.

–La devoción de Francisco por la pobreza me suena desmesurada –dije, mientras doblaba algunas servilletas.

–Para él, era una manera de identificarse por completo con Jesús –dijo ella.

–Pero incluso Jesús y sus discípulos llevaban un bolso para lo que ellos necesitaran.

–Cierto. Pero Francisco creía que la Encarnación misma era la manera en que Jesús abrazaba la pobreza: el Hijo de Dios viniendo al mundo a nacer en un establo y morir en la cruz.

–Sí, pero ¿no es vivir una vida de pobreza voluntaria un tanto... impráctico? –pregunté.

Angelina detuvo su trabajo y se rio con fuerza. «¿Cuándo se volvió práctico el seguir a Jesús?», dijo.

Maggie interrumpió nuestra conversación. «¿Quién es aquel que está allá?», preguntó. Recargado contra una pared había un pequeño hombre realizando algunos trucos de magia para un grupo de niños. Parecía que disfrutaba estar entre el tumulto. Su apariencia no era diferente de la de otras personas en el comedor: sus pantalones grises sencillos, una vieja sudadera negra con la mascota de una universidad estadounidense, se veía como si la hubiera tomado de un bote de ropa donada. Alrededor de su pequeña cintura había una corbata que había sido reclutada como cinturón. Yo no lo habría notado si Maggie no me lo hubiera señalado. Thomas, no obstante, lo seguía adonde quiera que iba en el comedor.

Angelina se encogió de hombros. «Ese es Umberto. Es un parroquiano de este lugar».

Maggie ladeó su cabeza y se le quedó viendo. «Me parece tan conocido».

Angelina se hincó y abrazó a un niño pequeño que pasaba. «Vamos a apurarnos y terminar con estos platos. Todavía hay mucho por hacer».

Angelina manejó el camión que era un comedor comunitario móvil, mientras Thomas, Maggie y yo íbamos en la cabina trasera, con los suministros. Por las ventanillas traseras, podíamos ver un segundo camión detrás de nosotros, lleno de más voluntarios y comida.

Cada día, miembros de la comunidad salen con alimentos para las personas sin hogar que no pueden llegar al comedor comunitario por su propio pie.

Maggie *y yo estábamos cansados, pero regocijados. Nuestro tiempo con los visitantes de la casa de la comunidad había sido* vigorizante.

–Francisco amaba la pobreza porque le ayudaba espiritualmente – dijo Thomas. Había oído mi conversación con Angelina y quería compartir su opinión. «Hay una ley de la física que aplica al alma. Dos objetos no pueden ocupar el mismo espacio al mismo tiempo, una cosa debe desplazar a la otra. Si tu corazón está atado fuertemente a las cosas materiales y a una sed de riqueza, no queda espacio para Dios. Francisco quería un vacío en su vida que sólo pudiera ser llenado por Jesús. La pobreza no era una carga para él: era un camino a la libertad espiritual».

Maggie asintió. «Mi primer año de sobriedad fue un infierno. No tenía nada *más que* la ropa que llevaba puesta. Cada que me quejaba, mi padrino solía decir: "Nunca sabemos que Jesús es suficiente hasta que Jesús es lo único que nos queda". Es raro, pero de cierta forma extraño esos días».

Los ojos de Thomas resplandecieron. «Francisco leía la Biblia de la manera en que lo haría un niño: confiando completamente. Entonces, cuando Jesús dijo que no debía preocuparse por su vida, lo que iba a comer, beber o vestir; Francisco dijo: "Muy bien, no lo haré". Y eso fue el principio de su relación amorosa con la pobreza». Siempre tuve un conflicto cuando leía las enseñanzas de Jesús sobre el dinero y el materialismo, particularmente la parte sobre vender todo lo que uno poseía y darlo a los pobres. Había crecido en un hogar muy privilegiado e ido a las mejores escuelas. Ahora usaba buena ropa, manejaba un Volvo y era el ministro de una de las comunidades más acaudaladas del mundo. Mientras rebotaba en la parte trasera del camión, recordé un comercial que había visto en la televisión sobre unos coches deportivos bastante caros. Mostraba al coche maniobrando elegantemente alrededor de curvas cerradas y rugiendo al detenerse junto frente a la cámara. Entonces, la voz del anunciante decía: «No puedes comprar la felicidad. Sin embargo, está a la renta». Sabía que había sido cooptado por la cultura del materialismo en la que vivía, pero salir de ella parecía imposible. Quitarle el pesto a un platillo de pasta parecía más sencillo. Angelina se orilló y se detuvo en el acotamiento. Abrió las puertas dobles y nos bajamos del camión. Reunió a todos los voluntarios y comenzó a dar instrucciones en italiano. Thomas nos traducía lo que iba diciendo. «Algunos de nosotros nos quedaremos aquí y prepararemos la comida. Los demás nos vamos de aquí a revisar cómo está la gente. Recuerden ser respetuosos y corteses con todos, sin importar cómo los traten. Reaccionen ante cualquier descortesía con amabilidad, como lo habría hecho Francisco».

–¿Por qué ustedes tres no vienen conmigo? –dijo Angelina al empezar a marcharse.

Nos condujo por una estrecha calle lateral. En callejones oscuros, entre los botes de basura, había grandes cajas de cartón que servían como casas para algunos de los residentes más pobres de la ciudad. Había visto vecindarios improvisados como estos en la ciudad de Nueva York, pero este era realmente miserable. Cada tanto, Angelina y Thomas se arrodillaban frente a una caja y la preguntaban a la persona que estaba adentro si querían hablar o venir al camión comedor. Algunos salían y nos saludaban, otros nos veían con recelo y otros no eran suficientemente coherentes como para responder de una u otra manera. Maggie estaba más silenciosa que de costumbre, sus ojos miraban en una y otra dirección.

Al dar vuelta a una esquina, vimos la vieja caja de cartón de un refrigerador, puesta de costado. Dos pies con tenis desgastados sobresalían por una apertura.

–Aquí es donde viven Isabella y Grazia –susurró Angelina. Se arrodilló frente a la caja y nos hizo señas a Maggie y a mí para que nos acercáramos. Thomas se hizo a un lado y observó. «Isabella, traje comida y amigos», dijo ella amablemente.

Había una mujer adentro, acostada. Sus ojos estaban acristalados y apenas era capaz de reconocer nuestra presencia. Sentada al lado de ella había una niña pequeña, quizá de diez años, que se aferraba a una pequeña bolsa de papitas fritas. Se le salían los mocos y estaba temblando. Sus oscuros ojos cafés nos advertían que no nos acercáramos demasiado.

–Esta niña está enferma –dijo Maggie con preocupación. Angelina asintió. «Ha sido una noche fría». Maggie extendió sus brazos. «¿Puedes acercarte a mí, lindura?», preguntó ella.

Grazia retrocedió más hacia dentro de la caja y meneó su cabeza.

–Por favor, prometo que no te voy a lastimar –dijo Maggie, su voz sonaba más encogida.

Grazia le dio un vistazo a su madre, como para asegurarse de que todavía estaba bien. Entonces, con indecisión, salió de la caja, gateando y se paró frente a Maggie. Maggie se chupó los dedos y limpió la mugre de las mejillas de Grazia, reprendiéndola gentilmente por ensuciarse tanto. Después, usando sus dedos como peine, trató de acomodar el pelo de la niña. Fue como si los demás hubiéramos desaparecido, para Maggie, no había nadie más en el mundo que Grazia.

–Lo único que necesitas es un buen baño, una comida caliente y una buena noche de descanso. Con eso te sentirás mejor mañana –dijo Maggie. Grazia veía a través de Maggie.

Maggie inspeccionó la mano de Grazia y encontró una cortada. «Esto se está infectando. Tendremos que limpiarla y poner algo de ungüento en ella», dijo. Aunque para ese momento Maggie hablaba con una voz más fuerte, tratando de captar la atención de Grazia, la niña todavía parecía desconectada: se quedaba viendo las cosas a la distancia como si estuviera en un trance.

–¿Me puedes oír, corazón? –preguntó Maggie más fuertemente, casi enojada.

Grazia súbitamente se enfocó en Maggie. Ladeó su cabeza y frunció el ceño, después su rostro se relajó y su delgada figura se fundió con la de Maggie. Sus ojos sin vida y su cuerpo, hecho como de huesos a punto de zafarse entre sí, irradiaban un cansancio que ninguno de nosotros podía entender, excepto, aparentemente, Maggie, que hundió su cara tan profundamente en el sucio pelo de Grazia que el sonido de sus sollozos de dolor se silenciaba.Maggie me había contado una vez que, cuando su problema con las drogas había llegado a su peor momento, Iris y ella no tenían casa y andaban dando tumbos de un refugio a otro. No se me había ocurrido pensar que probablemente también pasaron noches en la calle. Ahora ella sostenía a un fantasma, la memoria de su hija que había viajado los más duros caminos con ella, para terminar muriendo cuando los vientos de la fortuna cambiaban a favor de ambas. Grazia era un sacramento, un momentáneo punto de contacto con Iris.

Isabella se sentó con dificultades. Agitó su cabeza, esforzándose para salir de la neblina inducida por las drogas. Estaba desorientada, pero sus ojos destellaron de ira cuando vio a Grazia en los brazos de Maggie. Alcanzó a su hija, pero Maggie la abrazó más fuertemente.

–Maggie, tienes que soltar a Grazia –le dijo Angelina silenciosamente.

Maggie cerró sus ojos. «No lo haré. Esta vez no», dijo –Por favor, Maggie –dijo Angelina, con más firmeza.

Maggie se sobresaltó, después vio hacia arriba, sorprendida, como si hubiera sido despertada abruptamente de un sueño. Con resignación melancólica, lentamente liberó a la pequeña niña y la entregó a su madre. Después se puso de pie y limpió sus ojos con el dorso de su mano. «Dios es un maniático», dijo.

Angelina tomó la mano de Maggie y las dos caminaron juntas por la calle. Las seguí, pero Thomas tocó mi hombro y apuntó a otra caja junto a la de Isabella y Grazia. Quienquiera que viviera dentro de ella, la conservaba tan limpia y ordenada como podía.

Había un mantel café cuidadosamente doblado y el suelo alrededor de ella se veía como si hubiese sido barrido recientemente. Muy cerca de la parte abierta, había un pequeño frasco con un solitario geranio en agua sucia. «Ahí es donde vive Umberto», dijo Thomas.

Después de que regresamos a la casa de acogida, Angelina dijo que tenía un ministerio más que quería que viéramos. «Es del que estoy más orgullosa», dijo ella.

–Yo no voy contigo, Angelina. Prometí ver a alguien aquí –dijo Thomas.

Angelina usó su dispositivo para abrir las puertas del coche para nosotros. «¿Te recogemos cuando hayamos terminado?», preguntó ella.

Thomas nos despidió agitando su mano. «No, no, yo me las arreglo para volver al hotel», dijo.

Mientras nos alejábamos, vi por la ventanilla trasera y noté que Umberto salía de la sombra de un alto roble. Él y Thomas enlazaron sus brazos y desaparecieron a la vuelta de la esquina del edificio.

—¿Qué quiere decir *Il Poverello*? —preguntó Maggie, refiriéndose al nombre de la casa.

—Significa «el pobrecito». Era uno de los apodos de Francisco —dijo Angelina.

—¿Cuál es la historia detrás de él? —preguntó Maggie.

—En la Edad Media, la Iglesia había perdido credibilidad porque estaba detrás de la riqueza y el poder como todos los demás. Cuando la gente comparó la manera en que Francisco y los frailes vivían, con el estilo de vida de la cultura y la Iglesia, se decían: «Estos hombres son algo genuinos. Son la prueba viviente de que los evangelios son verdaderos. Jesús realmente es todo lo que uno necesita para encontrar el significado y la alegría de la vida». Francisco le dio instrucciones a sus frailes de nunca criticar a la gente rica o a los clérigos que usaban ropas ornadas y joyería cara... pero no necesitaban hacerlo, pues la forma en la que vivían era una forma de acusarlos. Muchos de los primeros franciscanos eran aristócratas que vendieron todo para seguir a *Il Poverello*. Francisco, el niño rico de Asís, los inspiró a ver que vivir de forma materialista no era el sentido de la vida. Hoy en día nos vendría bien un testimonio como éste.

—¿Qué quieres decir? —preguntó Maggie.

Angelina suspiró. «Como sabes, Estados Unidos es el país más rico en la historia del mundo. Somos sólo alrededor de cinco por ciento de la población mundial, aun así consumimos 40 por ciento de los recursos. Estamos poseídos diabólicamente por el materialismo y el híperconsumo. También sucede lo mismo en los sectores más ricos de casi todos los demás países. Desafortunadamente, los cristianos están tan atrapados en el sistema como todos los demás. El siglo XXI está perpetrando la mentira que fue popular en el siglo XIII: mientras más tengas, más feliz serás», dijo Angelina.

Maggie frunció el ceño, perpleja. «Los cristianos no creen eso».

Angelina soltó una risita. «*Decimos* que no lo creemos, pero nuestras vidas nos traicionan. Hoy la Iglesia está cooptada por el dinero de la misma forma que lo estuvo en el siglo XIII. Nuestros vecinos de al lado han de vernos y pensar: *Ustedes cristianos dicen que son ciudadanos de un reino diferente, sin embargo están tan consumidos por los centros comerciales, el dinero, los coches, la ropa, las vacaciones y las casas como nosotros. ¿De qué se trata?* ¿Por qué alguien debería tomar nuestro evangelio seriamente si nosotros seguimos sirviendo a dos amos? Una fe que no habla en contra de los principios enfermos de su cultura, en realidad, no es una fe en absoluto, sino sólo religión», dijo ella. Me acordé de uno de mis profesores del seminario, quien nos contó de la economía radical de la Iglesia temprana y cómo, gracias a ello, experimentó un crecimiento dramático durante sus primeros años. Nadie había visto jamás una comunidad de personas tan pródigamente generosa una con otra y con los pobres: gente liberada de la necesidad de encontrar sentido y seguridad en *Mammón*.

–Entonces, ¿qué se supone que debemos hacer, vender todo lo que tenemos y dárselo a los pobres? –pregunté. La pregunta no era para provocar un enfrentamiento, era una súplica sincera de consejo.

En el tráfico pesado, Angelina se detuvo en un alto cerca del centro de la ciudad. «¿Qué tal si empezamos por arrepentirnos de nuestro materialismo y vivimos de manera más sencilla? Pienso que cambiaríamos al mundo en un instante».

–Creo que Francisco se hubiera sentido desalentado por el evangelio de la prosperidad –dije en broma. –Ni siquiera lo digas –contestó, mientras entraba a un estacionamiento rodeado de una cerca de cadenas, con alambre de púas en lo alto. Después de que nos bajamos del coche, revisó muy bien que las puertas estuvieran cerradas. Después nos cerró el ojo. «No está de más ser muy cuidadosa en este vecindario. En este lugar ya me arrancaron dos radios del tablero».

Esta parada resultó ser la casa de acogida para hombres que estaban muriendo de SIDA. Cuando descubrí dónde estábamos, me sorprendió lo aprehensivo que me sentía. Había pasado mucho tiempo cerca de personas que estaban muriendo, por lo tanto, esa no era la razón de la forma en que me sentía. Quizá era bastante consciente de que estaba alrededor de hombres homosexuales y de adictos que usaban jeringas. –La mayoría de los hombres que están aquí no tienen a nadie que los cuide –dijo Angelina. «Sus familias los han repudiado y sus amigos han dejado de visitarlos. Los ayudamos a morir con dignidad y ojalá que vean a Jesús en nosotros».

La casa estaba en silencio a excepción de un gato que maullaba en algún cuarto distante. Los tres subimos las escaleras al segundo piso. A través de las puertas abiertas, podíamos ver a hombres en diferentes etapas de la enfermedad. Algunos estaban acomodados en la cama leyendo, otros dormían. En el rellano del tercer piso, nos esperaba una menuda y joven mujer, con pelo muy corto y radiante sonrisa.

–Ella es Eva. Es una de nuestras voluntarias en entrenamiento de una de nuestras casas en Alemania –dijo Angelina.

Eva me dio la mano. «Llegaron a tiempo. Necesitamos bañar a los hombres», dijo ella.

–Maggie, ¿por qué no vas abajo y ves cómo están algunos de ellos? Les encantan las visitas –dijo Angelina. Sabía que pronto oiríamos risas del piso de abajo.

–¿Puedo ir con ella? –pregunté.

Angelina puso su mano en mi brazo. «Nos serías de utilidad aquí», dijo ella.

Mi corazón estaba latiendo como un tambor contra mis costillas por la simple idea de bañar a un hombre. Buscaba algún pretexto para justificar que no podía ayudar, pero no fui lo suficientemente rápido. Angelina tomó mi mano y fuimos a un cuarto donde un joven yacía en la cama, viendo fijamente al techo.

–*Buongiorno*, Amadeo –dijo Angelina. «Hoy traje a un amigo». Angelina quitó la cobija que cubría el cuerpo de Amadeo. Era un palo desnudo, mudo, sus ojos en forma de almendra estaban llenos de esa lamentable mezcla de pánico y confusión. Su pálida piel colgaba flácidamente... debía haber medido, más o menos, un metro 80 alguna vez, pero ahora seguramente pesaba menos de 45 kilos. Sentí una descarga de conmoción y de tristeza. Miré a Angelina a los ojos pidiéndole ayuda y ella me sonrío tranquilizadoramente.

–Vamos a poner a Amadeo en la tina –dijo ella, mientras lo repetía en italiano para que tanto él como yo supiéramos qué íbamos a hacer a continuación.

Eva metió sus manos al agua para asegurarse de que estaba a la temperatura adecuada, mientras que Angelina y yo levantábamos a Amadeo. Con delicadeza puse mis manos debajo de sus omóplatos. Se sentían como filosas conchas de molusco, cruelmente implantadas en la parte alta de su espalda. Me daba miedo que su piel se rompiera como un pañuelo de papel entre mis manos. Los huesos de su pelvis sobresalían de su piel como pistolas en fundas de carne. Lo metimos lentamente a la tina, el vapor que había por encima del agua se esfumaba conforme su cuerpo pasaba por él. Amadeo parpadeó cuando las llagas abiertas de su cuerpo entraron en contacto con el agua tibia. Angelina le habló suavemente mientras limpiaba con una esponja su frágil estructura. Me pasó un estropajo. «¿Te importaría lavar sus genitales?», preguntó llanamente. Me quedé sin habla. El hombre palo se me quedó viendo como si fuera a decir: «¿Y ahora qué vas a decidir?» Hay una superficie tensa en el agua que siempre me ha fascinado. En ocasiones anteriores, cuando me he preparado para los bautizos, he rumiado sobre esa capa de resistencia infinitesimalmente delgada. ¿El agua le da a los candidatos una última oportunidad de regresar, una oportunidad de último minuto para irse y decir no al sumergimiento intenso y dador de vida que se aproxima? ¿O es un recordatorio de que hay realmente una separación entre este mundo caído y el de después?

Con esfuerzo dejé de lado mi repulsión y sumergí el estropajo en el agua, pensaba de nuevo en esa resistencia del agua, pero rechacé su invitación a detenerme. Pasé una frontera hacia la profundidad y encontré que todavía podía respirar. Mi terror y vergüenza eran reemplazadas por paz, que avanzaba hacia una alegría sublime.

–¿Sabías que Francisco tenía una aversión fóbica hacia los leprosos? –preguntó Angelina, mientras seguía lavando a Amadeo.

Exprimí el agua de mi estropajo. «He leído sobre eso», dije en voz baja. –Le daban tanto asco que cuando veía a uno de ellos se cubría la boca y la nariz y salía corriendo. Un día, andaba en su caballo en las orillas de Asís y vio a un leproso. Se sintió tentado a dirigirse en la dirección contraria, pero entonces oyó a Jesús diciéndole que se bajara de su caballo y besara al leproso. Lo hizo y fue un punto de inflexión en su conversión. Angelina y yo sacamos a Amadeo de la tina y lo pusimos en la cama, en la que Eva ya había puesto toallas limpias. Le dimos palmaditas con las toallas para secarlo y le untamos cuidadosamente ungüento en sus heridas. Amadeo cerró sus ojos y su expresión se suavizó en algo que se parecía a la paz. No estaba seguro de qué era más tranquilizador para él: la limpieza, el bálsamo o la sensación de que había personas que lo tocaban.

Cuando terminamos, Eva puso una tibia cobija de lana sobre él. Angelina acercó su rostro al de él. «Hasta luego, mi amigo. Mañana paso a verte». Amadeo abrió sus ojos y se nos quedó viendo. Sus labios se movieron, pero no salieron palabras, sólo el sonido del aire pasando por sus cuerdas vocales. Angelina lo besó en la frente.

Cuando bajábamos las escaleras, Maggie salió de uno de los cuartos y se reunió con nosotros en la sala. Debo haberme visto aturdido porque me vio de lado. «¿Qué pasó allá arriba?», preguntó.

–Creo que me convertí en cristiano –dije.

Diario
Residenza Madri Pie, 4:00 p.m.
Querido Francisco:
Pensaba que tu fijación con la pobreza era parte de la cosa medieval católica: monjes fanáticos, castigo ascético de sus cuerpos y ayunos como penitencia. Pero no se trataba de eso. Escogiste una vida de pobreza porque creaba las condiciones óptimas para que tu alma madurara. Confieso que soy un colaborador, de toda la vida, de las fuerzas del materialismo y del consumismo. ¿Es posible vivir en Estados Unidos y no serlo? Si Angelina tiene razón, no obstante, estoy pagando un alto costo espiritual por ello. En la parte de atrás de un tríptico de la Comunidad del Pobrecito, hay una cita tomada de *La esencia del misticismo* de Evelyn Underhill: «Los místicos saben que las posesiones disipan la energía que necesitan para cosas más reales, saben que deben abandonar la posesión, el verbo 'tener', si van a obtener la libertad que buscan y la plenitud del verbo 'ser'».

Dios sabe cuánta energía que he gastado en comprar y mantener todas mis posesiones materiales. En vergonzoso pensar en la energía que he usado simplemente en pensar acerca de comprar cosas. De hecho, rento una de esas unidades de almacenamiento: está repleto de cosas que he acumulado a través de los años, pero que no caben en mi departamento. ¿Es esa una metáfora de mi alma, no tan madura, que está tan llena de tiliches que no tiene espacio para Dios?

Creo que Angelina está en lo correcto. Mientras los cristianos y la Iglesia sigan coludiendo con los poderes del consumismo y el materialismo, nuestro testimonio estará impedido. Pero no daré conferencias ni sermones sobre esto en el futuro cercano: aún soy uno de los peores pecadores.

Hoy alimenté gente pobre y bañé a un hombre que padece SIDA. Fue un buen día, Francisco, un muy buen día.

Tu amigo,
Chase

Apenas había dado "guardar" a la entrada de mi diario y apagado la computadora, cuando Maggie entró intempestivamente a mi cuarto. «¡Podemos hacerlo!», dijo ella.

Casi me caí de mi silla. «¿Hacer qué?».

Puso mi diario en mis manos. «Esto», dijo ella.

Durante una hora o más, Maggie y yo deambulamos por las calles de Roma y hablamos. Había leído mi diario dos veces e incluso había hecho notas.

–Chase, aquí mismo tienes el modelo de la Iglesia de la que queremos ser parte –dijo. Maggie estaba enfrente de mí, caminando de espaldas, agitando mi diario y hablando a miles de kilómetros por hora.

–Sé realista, Maggie –dije.

–Debes hablar con los adultos mayores sobre Francisco, su espíritu, su ministerio –dijo.

Traté de quitarle mi diario, pero me esquivó.

–Maggie, ellos no se involucrarían en esto ni en un millón de años –dije.

–¿Cómo sabes? Dales un poco de crédito –respondió.

Maggie era más valiente que yo. Por varias noches consecutivas, me fui a dormir fantaseando sobre encabezar una Iglesia basada en el ministerio del corazón y la vida de Francisco. Si embargo, cada vez descartaba la idea al considerarla algo descabellado. ¿Quién había oído de una Iglesia protestante conservadora que adoptara el enfoque de un santo católico para vivir la vida cristiana, particularmente de un santo que vivió hace ochocientos años? Era ridículamente risible. Y, sin embargo, el entusiasmo de Maggie por la idea comenzó a emocionarme.

–Vamos a suponer que queremos hacerlo. ¿Qué haríamos primero? –pregunté.

Maggie vio una oportunidad. «Haría una presentación muy bien pensada para los adultos mayores», dijo ella.

–La gente va a pensar que me volví loco –dije.

Maggie me tomó por los hombros. «Chase, ¡deja de preocuparte por lo que la gente piensa! Tienes 39 años. Es tiempo de que madures».

Me senté encima de una de las paredes que rodean una del millón de fuentes de mármol de Roma.

El sonido del agua brotante me envolvía. De nuevo Maggie tenía razón. Una de las razones por las que mi vida había estallado como lo había hecho era porque yo no había tenido la valentía de dejar de seguir el guion del «niño bueno que no hace olas».

Me daba miedo que, si me salía del guion, decepcionaría a las personas y ellas se alejarían de mí. Así había vivido toda mi vida... y no había funcionado. No podía regresar a vivir de esa forma.

–¿Entonces?

Por un momento se me había olvidado dónde estaba. Vi mi reloj.

«Son las seis. Vamos a ver qué puedo hacer esta noche», dije.

Cuando volvimos al hotel, pedimos dos jarras de café y nos instalamos en el patio. Todos los libros que había acumulado durante mi peregrinaje estaban apilados sobre la mesa, tambaleándose como zigurats. Por doce horas seguidas, Maggie y yo hablamos, comparamos ideas, debatimos y escribimos. La noche fue una larga descarga de adrenalina.

A las siete de la mañana del domingo, teníamos un primer borrador razonable para los adultos mayores.

Maggie encendió un cigarro. Las colillas aplastadas de los otros dos paquetes estaban sobre la mesa. Sostuvo un fajo de papeles. «Esta Iglesia será la buena onda», dijo.

Bostecé y me estiré. «Esperemos que algunas personas más piensen así».

Volvimos a nuestras habitaciones para dormir algunas horas. Cuando estaba recostado en la cama, una ola de pavor me inundó. Sobre el mueble de al lado de la cama estaba un borrador que describía la Iglesia que me interesaba encabezar, una Iglesia en la que podía creer de nuevo: el tipo de cristiano en que me quería convertir. ¿Y si la gente se ríe?

–Ni siquiera lo pienses –susurré.

Puse mi despertador y llamé a Kenny. «¿Crees que podamos juntar a todos a las cuatro?», pregunté.

–Creo que sí. ¿Qué pasa?

–Quiero decirles cuánto ha fastidiado mi vida Francisco.

Hubo un silencio en el otro extremo de la llamada. «Me aseguraré de que todos estén ahí», respondió.

–¡Vamos! ¿Qué piensan? –pregunté.

Maggie y yo habíamos pasado dos horas pintando una imagen de una Iglesia que adoptaba el corazón de Francisco para Kenny, Bernard, Peter y Thomas. Éramos como estudiantes de doctorado defendiendo nuestras tesis, sólo que bajo los efectos de los esteroides.

Peter habló primero. «Chase y Maggie... no tengo palabras. Es maravilloso», dijo él.

–Le han dado vida de una nueva manera –dijo Bernard.

Kenny se levantó y me besó en la mejilla. «Muy bien hecho, hijo», me susurró al oído. «¡Y tú!», le gritó a Maggie. «Tú eres un ángel enviado por Dios».

–Oigan, oigan –gritaron todos.

Viéndome, Thomas asintió. Eso era todo lo que yo necesitaba de él.

Pasamos otra media hora afinando nuestras propuestas y haciendo una lluvia de ideas sobre cómo implementarlas. Peter estaba impresionado de que habíamos vuelto contemporánea la «Regla de 1223». Los demás también agregaban sus comentarios, pero la opinión abrumadora era que nuestro documento era un espléndido principio.

–Mira, si a tus adultos mayores no les gusta, puedes volver aquí y convertirte en un fraile –dijo Bernard.

Maggie aulló. «Pagaría 50 dólares por ver a Chase en uno de esos hábitos».

–Odio tener que interrumpir esto, pero necesitamos que llegues al aeropuerto alrededor de las nueve –dijo Kenny.

–¿Tienes tiempo para una comida de despedida? –preguntó Bernard.

–Exactamente lo que tenía en mente –dijo Kenny. «Vamos a misa».

Kenny tenía un sentido de lo poético. Nos llevó a la misa de las seis de la tarde a una de las capillas laterales de San Juan de Letrán. Era muy adecuado que nuestra última parada fuera el lugar en que la orden franciscana recibió la bendición del papa para seguir adelante con su ministerio por el mundo. Maggie había sido criada como católica, entonces nada del ritual le era nuevo, pero yo todavía tuve que ver cómo lo hacían todos los demás, para copiarlo. De hecho, creía que había tenido éxito en hacer creer al sacerdote oficiante y a las otras veinte personas que estaban en la iglesia que yo sabía lo que estaba haciendo.

Pero cuando nos hincamos en el altar para recibir la comunión, toda mi seguridad rápidamente se marchitó. Cuando el cura anciano se me acercó, extendí mis manos para recibir la hostia. El viejo sacerdote, no obstante, sufrió un pequeño temblor en sus manos, por lo que tuve que seguir extendiendo las mías para tratar de ponerlas debajo de las suyas para recibir la oblea redonda. Fue una metida de pata. Él se movía a la izquierda y yo a la derecha. Él se movía a la derecha y yo a la izquierda. Entré en pánico.

Cuando parecía que el intercambio podría tener un final feliz, ocurrió lo impensable. La oblea cayó por entre el espacio de mis manos y pegó contra el suelo de piedra del altar enfrente de mí. Es difícil pensar que algo tan pequeño y ligero pueda hacer tanto ruido. Cuando la hostia aterrizó en una laja fría y dura, frente a mis rodillas, sonó como una pistola calibre .45 que dispararon en un cuarto de escobas. Me congelé. La vieja señora española que estaba hincada a mi lado se veía como si se fuera a desmayar. Su esposo se persignó y dijo: «Madre de Dios». Quedando dos minutos en el reloj, yo dejé caer a Jesús.

Que Dios bendiga a ese tembloroso sacerdote anciano. Sin nada que pareciera un sobresalto, con reverencia recogió la hostia, la levantó hacia el cielo y murmuró, «Veni, veni, Sancte Spiritus», cerró sus ojos y la tomó él mismo. Recogió otra oblea de la patena y vacilantemente la puso de manera segura en el nido formado por mis manos extendidas. Viendo profundamente dentro de mis ojos, dijo: «Hijo mío, éste es el cuerpo de Cristo».

Lo que pasó después es difícil de explicar y quizá, como con todos los misterios, es poco sabio intentarlo. Todo lo que sé es que al momento de recibir la comunión fui visitado por Dios. Quizá fue la bondad del cura y su gracia lo que silenciosamente abrió el portal por el que, momentáneamente, hice contacto con la vida divina. O quizá fue la eucaristía misma, la hostia mezclándose con mi quebrantamiento, disolviéndose en mi saliva, llegando a descansar en las penumbras de la confusión de mi corazón. Al estar hincado en el altar, me abrumó el sentido de que mi vida fragmentaria y discontinua quizá en realidad sí tenía sentido.

En un parpadeo, me mudé de un multiverso a un universo. Los instrumentos desafinados que se habían tocado de manera cacofónica en mi alma por tantos años, espontáneamente se unieron e interpretaron un acorde inconfundible y tronaron con claridad.

Cada pena, cada alegría, cada pérdida, cada esperanza, cada decepción... todos los fragmentos dispares de mi pasado, mi presente e incluso mi inexplorado futuro, instantáneamente se juntaron y vi todo como realmente es. Regalo. La gratitud que sentí era insoportable. Comencé a llorar calladamente, sollozando con alivio, balanceándome suavemente de atrás para adelante, sosteniéndome del barandal de la comunión para estabilizarme. Susurré, una y otra vez, la única oración que realmente me importaba en esta vida: «Gracias, gracias, gracias».

¿Cuánto tiempo estuve ahí? No estoy seguro. Sólo recuerdo que Kenny, Bernard y Maggie se me acercaron como biombo decorado, posaron suavemente sus manos en mis hombros y el viejo cura paralítico se inclinó hacia mí y susurró a mi oído: «Grazie signore»

Cuando llegamos al aeropuerto Leonardo da Vinci-Fiumicino nos quedaba sólo una hora antes del horario en el que debíamos estar en la sala de abordar. Kenny, Thomas, Bernard y Peter nos esperaron mientras registrábamos nuestro equipaje. Estaba formado y, de vez en cuando, miraba sobre mi hombro para verlos. Me angustiaba encontrar las palabras de despedida correctas. Dejar a las personas es difícil, especialmente cuando se ha caminado muchos kilómetros juntos y uno no está seguro de cuando o si uno los verá de nuevo. Me pareció en ese momento que el viaje espiritual consiste también en continuas partidas. Abraham se fue de Ur, Moisés y los israelitas huyeron de Egipto, los discípulos dejaron sus redes y abandonaron a sus padres, Jesús dejó a sus discípulos y regresó al Padre. Quizá a esto se refería Peter cuando dijo que el peregrinaje nunca termina. La vida en este lado del reino es un viaje de múltiples etapas y, desafortunadamente, esta etapa se había acabado.

Cuando registramos el equipaje, Maggie me pasó su mochila. «¿Te encargo esto? Tengo que ir al baño», dijo, sin esperar mi respuesta.

–¡Apúrate! –le dije mientras se alejaba.

Caminé lentamente hacia mis amigos, que me esperaban en la entrada del área de seguridad. «Bueno, eso es todo», dije.

–Así es –dijo Kenny. Los otros tres asintieron.

–Te tenemos un regalo –dijo Peter. Metió su mano a su mochila y sacó una cruz de tau. Con la forma de la letra 19 del alfabeto griego y como una T moderna, la cruz de tau es universalmente reconocida como el símbolo de los franciscanos. Francisco la había adoptado al principio de su ministerio y firmaba la mayoría de sus cartas con ella. El significado del símbolo no pasaba desapercibido para los primeros franciscanos. Debían vivir vidas cruciformes, aceptando el mundo con todas sus caídas.

Miré la sencilla cruz de madera y su cordón en mi mano. Ningún regalo había significado tanto para mí. «La atesoraré», dije calladamente.

Kenny me la quitó de la mano y la puso alrededor de mi cuello. Palmeó la cruz en mi pecho. Los cuatro extendimos nuestros brazos alrededor de los demás, formando un corrillo, nuestras coronillas se tocaban entre sí. El suelo se volvió borroso cuando comencé a llorar por segunda vez en el día. A mis pies, vi cómo caían las lágrimas de mis amigos, mezclándose suavemente con las mías.

–¿A mí también me toca? –Maggie había regresado. Nos limpiamos los ojos y reímos. Bernard y Peter abrieron un espacio en el círculo para que Maggie se nos uniera. Ahora estábamos completos.

Después de muchos abrazos más y de una oración de bendición de Bernard, Maggie y yo nos unimos a una larga fila de viajeros que esperaban para pasar por los detectores de metales. Nuestros amigos se quedaron ahí y nos despidieron agitando las manos hasta el último momento. Tomé mi mochila de la banda de la máquina de rayos X y me di la vuelta para verlos por última vez. Vi a Kenny a los ojos y silenciosamente le di forma a la palabra, Gracias.

El señor te de paz, respondió Kenny de la misma manera. Y con eso, Maggie y yo fuimos hacia nuestra sala de abordar.

XI

¿Que has fracasado? Tú, estás bien convencido, no puedes
fracasar. No has fracasado: has adquirido experiencia.
¡Adelante!

JOSEMARÍA ESCRIVÁ

El vuelo de Roma a Nueva York fue una pesadilla. Nos detuvimos en Zúrich, donde un grupo de jugadores de rugby de Princeton abordaron el avión. Por ocho horas completas, celebraron su triunfo en su gira por Europa con juegos para beber alcohol y canciones obscenas, entonadas a todo pulmón. Maggie era inmune al barullo infantiloide y durmió como una roca. Yo estaba exhausto pero no podía dormir. Me quedaban dos opciones: ver *Sex and the City 2* o leer la revista *Sky*. Es bueno que ya no permitan objetos punzocortantes en los aviones o me habría cortado las venas. Para cuando pasamos la aduana y llegamos a Thackeray eran casi las tres y media de la mañana. No había tráfico en las calles, y una capa de agua, de una lluvia previa, cubría la autopista que resplandecía bajo las luminarias. Maggie y yo estábamos perdidos en nuestros propios pensamientos y no teníamos ánimo de hablar. Bajé mi ventanilla y oíamos cómo las llantas rozaban el asfalto mojado. Me detuve frente al departamento de Maggie, abrí la cajuela y llevé sus maletas a la puerta.

Maggie trató de meter a tientas la llave en la cerradura. «¿Podemos hablar mañana?», preguntó.

–Claro, a primera hora del día –dije, bostezando.

Maggie se me acercó y me sorprendió con un abrazo. «Fueron los mejores momentos de mi vida», dijo entre lágrimas.

–Siento que tu viaje haya sido tan breve. Quizá en el próximo yo invite –dije.

Las casas tratan a sus dueños con malos modos después de un largo viaje. Cuando entré, la mía se comportó como si nunca nos hubiéramos conocido.

Estaba molesta porque me fui tan apresuradamente y sin siquiera decir adiós. Iba a tomar algunos días antes de que me perdonara y se acostumbrara a tenerme de vuelta.

Antes de acostarme, revisé el correo. El día que me fui, le pedí a mi vecina Jacqueline que me reenviara a Italia cualquier cosa que pareciera importante y que dejara el resto en la mesa de mi comedor. Todo lo que había ahí eran pilas de más de medio metro de catálogos de J. Crew y montones de formatos para solicitudes de tarjetas de crédito. Jacqueline había hecho las compras, llenado mi refrigerador y colocado una nota en la repisa superior que decía: «¡Bienvenido a casa!». Me preguntaba si esas dos palabras serían pronto mutuamente exclusivas.

A la mañana siguiente me desperté porque alguien tocaba incansablemente el timbre de mi puerta. Quienquiera que fuera, aparentemente había decidido que no se iría hasta que me viera. Revolví las cosas alrededor de mi mesa de noche buscando mi despertador y descubrí que eran las once de la mañana. Tropecé al levantarme de la cama y me asomé por las cortinas. Ed estaba parado frente en la puerta, vestido como si fuera de camino a jugar tenis. Aunque había sido exitoso en los negocios, Ed nunca fue totalmente aceptado por lo más refinado de la sociedad de Thackeray, en parte por su falta de sentido para la moda. Traía un pants de terciopelo azul real con ribetes rojo intenso en las mangas y piernas y un viejo par de tenis Stan Smith. Era un hombre del accesible Walmart en un mundo de la exclusiva Brooks Brothers. Rebusqué mis pantalones de mezclilla y una camiseta sobre la alfombra del suelo de mi recámara, y corrí a abrirle la puerta.

–Bienvenido –dijo.

–Gracias –respondí, fajándome la camiseta, sin mayor reflexión. «Pasa, por favor». Ed se recargó en la barra de la cocina, con los brazos cruzados, mientras yo preparaba café. Me rompía el corazón ver el líquido café y acuoso gotear llenando la jarra. Decidí comprar una máquina para capuchinos, sin importar lo que costara. *Ahí iba mi voto de pobreza.*

Le pasé un tarro a Ed. «¿Te quieres sentar afuera?», pregunté.

Por alguna razón, Ed y yo siempre hablábamos en el pórtico frontal de mi edificio de departamentos, al menos cuando había clima cálido. En esos escalones se habían tomado más decisiones importantes sobre Putnam Hill que en mi oficina.

–Pensé que era buena idea pasar a verte para contarte lo que está pasando –dijo Ed.

Me había preguntado cómo sería mi primer encuentro con Ed. Aunque, cuando estaba en Italia, me había mandado ese conciliatorio correo electrónico, no estaba seguro de que nuestra amistad volvería alguna vez a ser igual que antes. Era demasiado pronto para saberlo, pero creí sentir que su espíritu se había suavizado hacia mí.

–¿Te enteraste que algunos ancianos mayores renunciaron? –preguntó. –¿Cuál fue el saldo final?

–Tres. Robinson, Carvin y Whitehall.

Lamenté oír que Carvin era uno de ellos, había sido uno de nuestros miembros fundadores. Pero no me sorprendía, porque ninguno de ellos formaba parte del grupo que estuvo en mi departamento antes de que me fuera a Italia. «¿Han sido reemplazados?», pregunté.

–La Iglesia votó por Jim Lorne, Gary Miles y Rod LeClerc para que completen los periodos de los otros.

Fruncí el ceño. «¿No están todos ellos en el subcomité de los ministerios estudiantiles?».

–Sí.

–¿No es eso un poco extraño? –pregunté, afirmando algo obvio.

–Chip ha reunido un grupo importante de seguidores que piensa que él debería reemplazarte como pastor senior. Cuando llegó el momento de llenar las vacantes de los adultos mayores, votaron a favor de personas que sabían que lo apoyarían a él.

–¿Y Chip?

–Pidió reunirse ayer con los adultos mayores después de los servicios –dijo Ed.

Le di un trago a mi café. «Eso no es lo habitual. ¿Por qué?».

–Para decirnos que si las cosas no se arreglan entre tú y Putnam Hill, a él le gustaría ser considerado para el trabajo –dijo él.

Casi me ahogo. «Vaya, qué descaro».

Ed recogió un pedazo suelto de grava y lo aventó al césped. «Chip es un político ahora, no un pastor», contestó Ed, a quien no le cae bien la gente deshonesta.

Puse mi café en los escalones. «¿Qué debo hacer?», pregunté.

Ed se puso de pie y se recargó en el barandal. «¿Dónde está tu corazón?».

Ed y yo intercambiamos esas dos preguntas más veces de las que yo podía recordar. «Está en un buen lugar, Ed. Tengo las cosas más claras ahora de lo que las he tenido en un largo tiempo», respondí.

–¿Tienes una visión de lo que la Iglesia puede ser? –preguntó.

–Desarrollé una en Italia.

Ed me pasó una carpeta de papel manila. «Alguien más también estuvo trabajando en una».

Le di un vistazo rápidamente al documento: un texto que Chip le había dado a los adultos mayores para describir adónde llevaría la Iglesia si se convirtiera en el pastor senior.

Ed vio su reloj y me palmeó en el hombro. «Trae lo que tengas a la reunión de esta noche», dijo, se paró y dirigió a su coche.

–Ed, siento lo que pasó –le dije mientras se alejaba.

Se dio media vuelta y sonrió. «Vamos a ver si Dios sale del bosque y se nos presenta».

Pronuncié una oración de agradecimiento al verlo deambular por el camino del jardín de mi edificio. La última vez que lo había visto caminar por ahí no estaba seguro de que nos volveríamos a hablar.

La reunión con los adultos mayores comenzó a las siete de la noche, y cuatro horas más tarde me dijeron que podía irme. Varias veces durante la sesión, recordé esas audiencias que muestran en C-SPAN en las que algún burócrata con la cara alargada está sentado frente a un micrófono y alternadamente es elogiado, o comido vivo, por senadores grandilocuentes.

Cuando salí, Maggie estaba sentada en el suelo del pasillo oyendo su iPod. Se quitó los audífonos y saltó.

–¿Qué tal te fue?

–Fue interesante –dije.

Ella golpeó mi brazo. «¿Eso es todo lo que vas a decirme?».

Sonreí. «Pedí disculpas por todo lo que había pasado y les conté sobre mi tiempo en Italia».

–¿Y? –preguntó Maggie.

–La mayoría fue amable. Después me preguntaron si todavía me sentía llamado a ser el pastor de Putnam Hill.

–¿Y?

–Dije que sí, pero que, si me quedaba, las cosas tendrían que cambiar. Repartí nuestro documento y se los expuse.

Maggie se mordió el labio. «¿Qué dijeron?».

–Miles y LeClerc dijeron que me había vuelto loco y pidieron que se votara de inmediato sobre si me despedían o no.

–¿Pueden hacer eso? –preguntó Maggie con incredulidad.

–Los estatutos de la Iglesia dicen que los adultos mayores están autorizados a contratar o despedir al equipo pastoral. Si Ed no hubiera intervenido, podría haber pasado a votación.

Durante la reunión, Ed había estado a mi favor. Apenas y decía palabra, salvo cuando alguien decía algo en mi contra. Entonces, él aclaraba sonoramente su garganta y les dedicaba la «mirada de la muerte». Cuando LeClerc trató de forzar la votación, Ed habló como Moisés mismo en el Monte Sinaí al leer las tablas de la ley. Dijo que yo merecía mucho más y que la Iglesia se dividiría si no se me daban la oportunidad de presentar mis ideas. Hubo algunas quejas, pero nadie se atrevió a ponerse cara a cara con el tipo que solía desayunarse a los sindicalistas de la AFL-CIO.

–Entonces, ¿qué sigue? –preguntó Maggie.

–Este domingo habrá una reunión general de la Iglesia después del servicio de la mañana –dije. «Podré compartir mi visión para la Iglesia y la Iglesia podrá decir a los adultos mayores si me quieren tener de vuelta».

–Nada de presión –dijo Maggie.

–Nada más una poquita...

Salimos. Me detuve a mitad de la banqueta y vi hacia atrás, la iglesia que había construido a través de tantos años. Casi doce mil metros cuadrados, un gimnasio completo, un ala educativa, una capilla octagonal conectada por un pasillo de cristal a un auditorio de mil asientos; todo enmarcado por franjas de prados perfectamente cortados y un estacionamiento que era la envidia de todos los pastores de la ciudad. La iluminación desde el suelo hacía brillar la fachada del edificio y los árboles circundantes. No era el Templo de Minerva, pero aun así era impresionante.

–Es irónico –dije.

–¿Qué? –preguntó Maggie.

–La propuesta de Chip es casi idéntica a la que escribí hace cinco años. Parafraseó algunas cosas, agregó una o dos ideas poco imaginativas y le dijo a la gente que él lo había desarrollado.

–En otras palabras, no quiere que nada cambie –dijo Maggie.

–Así es. Pero la Iglesia merece algo mejor. Si sigue mi viejo plan, se va a convertir en un gueto.

–Pero ¿y si eso es lo que la Iglesia quiere? –preguntó Maggie.

–Entonces debemos tratar de convencerlos –dije.

Los siguientes días fueron una ráfaga de actividad. Maggie no había encontrado un nuevo trabajo, así es que pasábamos la mayor parte del día juntos. Lavamos la ropa, fuimos al supermercado, pasamos la tarde comprando un coche usado y tratamos de encontrar un departamento más pequeño para ella.

Algo había cambiado entre Maggie y yo, aunque ninguno de los dos nos atreviéramos a decirlo. Cuando nos despedíamos al final de cada día, sabía que estaba más cerca de ser el hombre que quería ser que el que había sido doce horas antes. Algunas veces al final de nuestros enunciados, nuestras miradas se cruzaban por un segundo más de lo normal, como si buscáramos confirmar que lo que emocionaba a nuestros corazones era real y mutuo. Una noche, después de que ella se fue, cerré la puerta y me reí fuertemente. ¿Qué dirían mis padres si supieran que me estaba enamorando de una ex convicta? ¿De qué hablarían Maggie y mi mamá cuando se conocieran, de punto de aguja y del bello arte de hacer placas para automóviles? Quizá todos los romances comienzan con una sana dosis de incredulidad. El viernes llamé a Chip para preguntarle si nos podíamos reunir. Francisco no dejaba de impulsarme a ser un pacificador, así es que, aunque me resultaba desagradable, sabía que yo debía hacer un primer acercamiento. Dejé tres mensajes de voz y no tuve respuesta. El sábado por la mañana, finalmente recibí un correo electrónico:

Chase:

No le veo sentido alguno a reunirme contigo. Tenemos ideas diferentes sobre adónde debe ir la Iglesia y es la congregación la que debe decidir la dirección que quiere tomar. Sólo puedo hablar por mí, pero pienso que lo mejor para Putnam Hill sería que renunciaras para que la Iglesia pueda curarse y seguir adelante. Parece que lo mejor para nuestra Iglesia no es tan prioritario para ti, como lo es para mí.

Hasta el domingo.

Chip

El tono paternalista de Chip fue suficiente para sacarme de mis casillas. Maggie hizo que me sentara en la mesa de la cocina y repitiera la Oración de serenidad una y otra vez, hasta que dejé de amenazar con ir a quemar su casa.

El correo del sábado me trajo noticias de Italia. Kenny escribió que Peter había terminado su retiro y había regresado a sus clases en el Pontificio Ateneo de San Anselmo en Roma. Bernard e Irene se habían ido a una reunión en Malta y no habían visto a Thomas desde el miércoles. Kenny se había asomado a su cuarto, pero no había señales de él. Kenny lamentaba que no hubiera tenido la oportunidad de despedirse, pero no le sorprendía.

Thomas era un enigma y permanecería como tal. Kenny completaba su carta diciendo que rezaba por mí y quería novedades sobre cómo se estaban desarrollando los eventos.

Esa noche, Maggie fue a mi casa e hizo lasaña al horno y me sorprendió con un pastel de queso italiano que había comprado en un mercado gourmet. La etiqueta de la caja tenía un dibujo hecho a pluma y tinta del Monte Subasio. Simplemente verlo me hizo querer regresar.

–¿Esta es tu versión de *La última cena*? –pregunté. Me ponía más ansioso conforme el día avanzaba. Una noche, todavía en Italia, Kenny y yo estábamos sentados en un balcón del monasterio, y me dijo que yo estaba tratando de cerrar el drama de mi relación con mi padre por medio de la congregación. Como la reunión general de la Iglesia se acercaba cada vez más, mis inseguridades neuróticas comenzaban a brincar de arriba abajo como monos furiosos que gritan desde un árbol. Nada focaliza tanto la atención de la mente como saber que todo por lo que uno ha trabajado por trece años depende de una breve presentación y que la gente a la que has colocado en el papel de padre puede rechazarte. Eso desequilibraría a las más mentes más estables.

Maggie se levantó para sacar queso pecorino del refrigerador. «¿Quién va a predicar mañana?», gritó desde la cocina.

–Lo hará Chip. Los adultos mayores me dijeron que no llegara hasta que el servicio se hubiera terminado. Dicen que mi presencia distraería a las personas durante la rendición de culto –respondí. Esta solicitud era sólo una de las muchas humillaciones que había padecido desde que regresé a casa.

Maggie puso el tazón de queso en la mesa y se sentó. «¿Y las personas del equipo?», preguntó ella.

–Mindy me llamó –dije. Mindy era mi directora de atención pastoral. Era una de esas personas que viven para una buena emergencia. Cuando algún miembro de la iglesia tenía una crisis, Mindy se presentaba con una caja de pañuelos y un tambo lleno de guisado de atún. Ella había sido una de mis primeras y mejores contrataciones.

–¿Y? –preguntó Maggie.

–Me contó que le dijeron a las personas del equipo que no me llamaran, pero ella quería decirme que me apoyaba. Le pregunté qué pensaba el resto del equipo y dijo que había de todo. Aseguró que, si yo me iba, muchos de ellos se irían también –respondí.

Maggie agitó su cabeza. «¡Qué desastre!», dijo con trsiteza.

Por algunos momentos comimos en silencio. Las visiones sobre cómo sería la reunión de toda la iglesia pasaban una tras otra por mi mente.

La noche anterior soñé que el grupo de cuarto grado de la escuela dominical se había transformado en una multitud que buscaba lincharme y que me perseguían alrededor del santuario, mientras el resto de la congregación cantaba «Seguridad bendita».

Me quedé viendo a mi plato. «Maggie, tengo miedo», dije.

Puso su tenedor en su plato y limpió su boca con una servilleta. «Serías un tonto si no lo tuvieras», dijo.

–Me gustaría que pudieras dar la presentación conmigo.

Primero pareció sorprendida... y después la sorpresa se mezcló con una de las mayores expresiones de gratitud que jamás haya visto. Me pregunté si alguna vez Maggie me parecería tan bella como me parecía en ese momento. Me vio por un momento, sin decir nada, después se rio. «Una ex convicta, que se está recuperando de su adicción a las drogas, ¿diciéndole a la gente cómo debe ir a la iglesia? No creo que funcione». Se rio de nuevo, después suspiró. «Significa mucho para mí que siquiera lo sugieras. Pero... no. Debemos hacer nuestro mejor esfuerzo con esto. Ahí estaré. Rezando. Pero en una banca de la iglesia».

Asentí. «Supongo que tienes razón. Pero no hay nadie que merezca estar ahí tanto como tú». Tener a Maggie parada a mi lado durante la presentación sería un gran apoyo moral... y un suicidio profesional. De cualquier manera, ¿si Jesús o Francisco estuvieran en mis zapatos, ¿a quién le pedirían que estuviera con ellos durante la prueba? ¿Sería a un turbio, amante cojo de Dios, como Maggie? ¿Escogerían al tonto para enseñar al sabio? Era demencial, pero también había algo poético al respecto.

–Bueno –dije. «Haré lo que pueda. Pero después del domingo, quizá ya no tenga trabajo. Podría estar en una esquina con un cartel que diga: "Predico por comida"».

Se rio, después hizo una pausa. «Bueno, hay algo que no cambiará». Me apuntó con su tenedor. «Adónde tú vayas, yo también iré».

Esas seis palabras nos lanzaron, a través de una frontera, a nueva tierra llena de temores. Nuestros destinos ahora estaban entrelazados.

El sermón de Chip de esa mañana se titulaba «A continuación la Iglesia». Tenía el púlpito y lo usó para presentar sus ideas sobre la dirección que Putnam Hill debía seguir. No resultaba sorprendente que, para ese momento, la propuesta que había entregado a los adultos mayores hubiera llegado también a las manos de casi toda la congregación.

Los estatutos establecían que sólo los miembros tenían permitido asistir a las reuniones generales de la iglesia. Después del servicio de la mañana más de setecientos se quedaron, era una concurrencia impresionante. Cuando Maggie y yo entramos, me sentí como en una escena de una vieja película de vaqueros de John Ford. Yo era el alguacil que irrumpe en la cantina de Kitty para confrontar al tipo malo del pueblo. Sabía, no obstante, que un buen número de esas personas no creían que yo fuera el sujeto que portaba el sombrero blanco. Los grupos se hicieron evidentes mientras caminábamos por el pasillo. Algunos me abrazaron, otros vieron al piso y me saludaron tímidamente. Algunos se dieron la vuelta y se rehusaron a dirigirme la palabra.

Ed se reunió con nosotros al frente del auditorio y estrechó mi mano.

«¿Estás listo?», preguntó.

Asentí. Maggie y yo nos sentamos en la primera fila. Ed abrió con una oración y después dijo: «La noche del lunes, los adultos mayores se reunieron con Chase y decidieron que debería tener la oportunidad de hablar sobre lo que aprendió en los dos últimos meses y compartir la dirección que él cree que nuestra Iglesia debería tomar. Después de que él hable, los adultos mayores escucharan sus preguntas y, después, vamos a hacer una votación para decidir si la Iglesia todavía confía en el liderazgo de Chase. Tengo que recordarles, no obstante, que la decisión de mantener o despedir a un pastor senior es de los adultos mayores. Pediremos que voten levantando sus manos sólo para conocer sus opiniones. Chase, la palabra es tuya».

Caminé y encaré a la congregación, recordando lo que había pasado la última vez que estuve en ese lugar. La primera persona a la que vi fue al Dr. Mac, parado contra la pared al fondo del auditorio. No era miembro de la iglesia, pero se había colado justo cuando la reunión comenzaba. Era bueno saber que mi psicólogo estaba ahí. Sería útil si yo tenía un segundo episodio psicótico. Sonrió y me hizo una seña apuntando con sus pulgares hacia arriba.

Tomé aire. «Hace años, en Silesia, se hicieron púlpitos con forma de una ballena parada sobre su cola. Para llegar al estrado, el pastor tenía de subir una escalera por entre el cuerpo de la ballena hasta emerger por la apertura que representaba la boca, desde donde predicaba su sermón. El significado era que un pastor no tenía el derecho de predicar hasta que había pasado algún tiempo peleando con Dios, como lo hizo Jonás. Los dos últimos meses pasé mucho tiempo en la panza de la ballena y espero que eso me haya dado el derecho de compartir con ustedes lo que está en mi corazón. Estoy confiando que ustedes no me escupirán en una playa cuando haya terminado».

Varias personas se rieron, pero la respuesta general no fue tranquilizadora. Estaba quitándome la ropa, pieza por pieza, ante una sala mayormente adversa. Decir un chiste nervioso es algo que uno hace para distraer al público mientras se batalla con un cierre atorado.

–Sé que la última vez que todos ustedes me vieron, mis cuestiones personales terminaron causándole a varios de ustedes mucho dolor. De verdad, lo siento mucho. Rezo para que Dios use mis errores para llevar a Putnam Hill a un lugar al que no habría llegado de otra manera. Vi a Chip, sentado a tres filas del frente. Trataba de verse impasible, pero yo sabía que estaba nervioso. Esta era una competencia en que el ganador se lo llevaría todo.

–Me embarqué en un peregrinaje, un viaje espiritual, para averiguar qué significa ser cristiano, qué significa estar en la Iglesia y decidir si quería mantenerme en ese viaje. En Italia encontré un mentor llamado San Francisco de Asís, que me enseñó que la Iglesia del futuro necesita escuchar a la Iglesia del pasado. Bill Archer silbó silenciosamente y soltó una risita, mientras que otros se volvían hacia sus vecinos y susurraban. Ya me imagino lo que decían. Sentí un calor espinoso trepando por mi cuello. –Miren, yo sé que Francisco ha estado muerto por ochocientos años, pero traten... –San Francisco es católico –refunfuñó alguien. Fue Beatrice Connerly, una de las pocas adultas mayores que teníamos en Putnam Hill. Era casi sorda y aunque estoy seguro de que pensó que su comentario apenas y se había oído, en realidad, en ese momento, pareció que había usado un megáfono. Tragué saliva y seguí. «Cuando me fui de aquí, ya no estaba seguro de cómo se veía un cristiano. A mi idea de lo que significaba seguir a Jesús se la había acabado la gasolina. Comenzaba a ya no sentirme como un pastor, sino como un vendedor de un Jesús de consumo, en el cual no creía. Aprender sobre Francisco me ayudó a volver a enamorarme de Jesús y también de la Iglesia».

Respiré hondo nuevamente, vi el rostro resplandeciente de Maggie buscando su apoyo y sostuve mis notas. «Así sea sólo eso, quiero que esta mañana se vayan recordando cinco palabras: *trascendencia*, *comunidad*, *belleza*, *dignidad* y *significado*. El tipo de Iglesia que creo puede tener un impacto en el mundo, y el tipo de Iglesia que quiero encabezar, tendrá que apasionarse por estos ideales. Esto no es un plan de negocios y definitivamente no será la próxima gran tendencia en el desarrollo de la Iglesia», dije. «Pero si mi viaje me enseñó algo es que no hay fórmulas simples para ser una Iglesia ni para seguir a Cristo... y cualquiera que les diga que las hay puede ser bien intencionado, pero está desligado de la realidad», dije, viendo directamente a Chip.

Puse mis notas sobre el podio, hice una pausa y cerré mis ojos. De eso se trataba. Tomé un hondo respiro y miré hacia arriba. –La primera palabra es *trascendencia* –dije. «Desde el principio, Putnam Hill ha tratado de atraer a la gente a la fe, apelando principalmente a su intelecto. Nuestro punto de partida ha sido que la única verdadera entrada al alma es por medio de la cabeza, por eso nuestros esfuerzos para guiar a las personas a la fe se han enfocado en convencer a sus mentes, más que en cautivar o enamorar a sus corazones. Según lo que aprendí sobre el cambio que Francisco provocó en la Iglesia, él no habría tomado nuestro enfoque. Él era cauteloso respecto a los académicos que querían hablar de las doctrinas, o de abstractas polémicas teológicas, para acercar a la gente a la fe. Él advertía a los académicos que saber mucho *sobre* Dios podía confundir a la gente pues terminaría creyendo que de verdad *conocía* a Dios, cuando hay una diferencia muy, muy grande entre ambas cosas.

«Francisco creía que los encuentros trascendentes con Jesús eran la clave para que las personas se acercaran a la fe. Abrir nuestros oídos a la voz de Dios en la creación, ser tocados por el Espíritu en la presencia de la comunidad de los creyentes, caminar en solidaridad con los pobres, practicar la oración contemplativa y la meditación, decir la liturgia y encontrar a Jesús en espacios ricos en símbolos y acontecimientos como la comunión. Todas esas son experiencias vitales que pueden actuar como portales a la vida de Dios. Si queremos que la gente descubra la fe, no podemos ignorar ninguna de ellas. Francisco entendía eso. Vivió en una época en la que la teología y el conocimiento se estaban convirtiendo en piezas centrales de la fe. Las universidades nacían en todo el mundo conocido. Los académicos estaban organizando y codificando las ideas religiosas en sistemas más racionales de creencia. Pero Francisco gritó: "¡El conocimiento y la teoría no son suficientes! ¡Encuentren a Dios! ¡Encuentro!". Justo cuando la Iglesia estaba al borde del colapso, su voz volvió a despertar la fe en Europa. Tenemos que aprender de él.

«Toda mi vida he tenido miedo de encontrar a Dios en cualquier lugar que no sea mi cabeza. Acá arriba –dije, apuntando a mi sien. "Podría mantener a Dios como algo manejable y bajo control. Pero ¿qué clase de Dios puede ser controlado o manejado? Ningún Dios", dije, agitando mi cabeza.

¾ Para crear momentos productores de fe, necesitamos readquirir algunas de las prácticas y actitudes de Francisco. También tenemos que aprender de otras tradiciones cristianas que enfatizan diferentes maneras de encontrar a Dios, para integrar lo mejor de sus prácticas a la vida de la iglesia. No, no vamos a abandonar la teología –dije. Pero los días en que podíamos confiar en los argumentos racionales como el punto de entrada a una relación con Dios se están desvaneciendo rápidamente.

La sala estaba extrañamente silenciosa, como si hubiera una membrana invisible que me separara de la congregación. La quietud antinatural me estaba llevando al vórtice de un verdadero ataque de pánico. Lancé una rápida mirada tanto a Maggie como a Mac y tomé un respiro profundo.

–La segunda palabra es *comunidad* –dije. «La visión de Francisco de una comunidad cristiana era bastante revolucionaria para los tiempos en que los que vivió. Animó a las mujeres a que estuvieran en el ministerio y siguieran su forma de vida. Mujeres como Clara eran sus amistades más cercanas. Desafió cientos de años de tradición de la Iglesia al insistir que los miembros de su orden vivieran entre la gente en vez de vivir detrás de las puertas de los monasterios. No hacían distinciones artificiales entre lo sagrado y lo secular. En vez de eso, iban a los mercados a realizar su ministerio. Francisco y los otros líderes veían que su papel era el de servir a los miembros de su orden, no lo contrario.

Como comunidades estaban en contra de la violencia y la injusticia. «El punto central al que quiero llegar es que Francisco se enfocaba en hacer de sus comunidades signos del reino, la nueva Jerusalén. Después de pasar varias semanas con un grupo de franciscanos, me di cuenta de que, aquí en Putnam Hill, nos hemos dedicado más a los programas que a la comunidad. Hemos sido más una organización, conmigo como su presidente, que un organismo, en vez de ser una expresión de Jesús en la tierra».

Al fijarme, vi preocupación en el rostro de Maggie; me di cuenta de que estaba en problemas. Había leído mis notas, sin interactuar con la congregación. Un seminario sobre la ley hacendaria de la muerte habría sido más centelleante. Aquellos que no eran hostiles hacia mí, estaban confundidos. Los estaba perdiendo.

Tomé un hondo respiro, puse mis notas detrás de mí y comencé a volar. «Muy bien, vamos a hablar de cómo se ve una genuina comunidad del reino», dije. «Primero, si Francisco estuviera aquí hoy, diría que nuestra comunidad eclesiástica depende demasiado de las palabras para contarle a los demás sobre nuestra fe. Para Francisco, la comunidad reunida era tan potente como forma de testimonio como lo eran las palabras. Estaba seguro de que vivir juntos es lo que atrae a la gente a la fe. Más que llenar a la gente de libros y palabras, cuando vienen buscando a Dios, ¿por qué no los invitamos a la comunidad y les decimos: "Todos estamos buscando juntos a Dios, únetenos, ve cómo nos relacionamos los unos con los otros, contigo, con el mundo. Experimenta a Dios entre nosotros y descubre si quieres ser parte de esta familia y de lo que Él está haciendo en el mundo"? Tiene que ver primero con las acciones, las palabras vienen después».

Un poco mejor, pero no mucho, pensé, al ver las reacciones en los rostros que estaban frente a mí. Si Maggie hubiera estado ahí arriba conmigo, ella cuando menos habría mantenido su atención. ¿Cómo lo habría hecho?, me pregunté. ¿Qué *habría dicho ella acerca de la comunidad? Ella habría dado el paso.*

–Entonces, primero las acciones, las palabras después –tragué saliva. «Vamos a hablar sobre nuestra comunidad y el dinero».

Siempre se puede distinguir a los originarios de Nueva Inglaterra de los afincados ahí. Si uno trae a cuentas el tema del dinero, los miembros de la vieja guardia adoptan una expresión de gran incomodidad, como si uno hubiera puesto un contenedor de arena para gatos debajo de sus narices. Sencillamente, no es bien visto hablar de d-i-n-e-r-o en Thackeray.

–Comparados con el resto del mundo, la mayoría de nosotros somos asombrosamente ricos. ¿Qué diría alguien que no viniera a esta iglesia, pasara al lado de nuestro estacionamiento un domingo y notara la clase de coches que manejamos? ¿Diría que estamos en la rueda de hámster del consumismo, como todos los demás? Las cosas no eran muy diferentes en el tiempo de Francisco. Él tuvo que hacer su ministerio en el mismo tipo de ambiente materialista en el que nosotros vivimos. Aunque la elite acomodada existía incluso antes del tiempo de Cristo, el consumo conspicuo nació en siglo XIII. Fue la primera vez en la historia que las personas comunes tuvieron ingreso disponible. Tristemente, una de las instituciones más materialistas de todas era la Iglesia. La gente normal tenía dificultad para tomar en serio al cristianismo porque la Iglesia tenía mucho y compartía muy poco. Una de las razones por las que Francisco inspiró un renacimiento a través de Europa fue porque rechazaba completamente el consumismo y el materialismo. Se había bajado de la rueda de hámster. Abandonó su riqueza, que era considerable, algunas veces incluso se quitaba la camisa para que otros supieran que Jesús era suficiente. Asombrosamente, su orden estaba llena de aristócratas que seguían su liderazgo. Su sacrificio restauró la confianza de la gente en el evangelio y avergonzó a la Iglesia institucional.

«No estoy diciendo que debamos vender todo lo que tenemos y darlo a los pobres. Lo que estoy diciendo es que nuestra sociedad materialista no nos tomará en serio mientras vivamos la misma forma de vida basada en creer que: "Compro, luego existo".

«Francisco me enseñó que si pasáramos menos tiempo preocupándonos sobre cómo compartir nuestra fe con alguien en un avión y pasáramos más tiempo pensando en cómo vivir vidas radicalmente generosas, más gente comenzaría a tomar en serio nuestro mensaje. Tendríamos que hacer un nuevo estacionamiento para dar espacio a las multitudes que vendrían a ver a los ricos locos que dieron tanto a los pobres. ¿Radical? Puede ser. Pero así es como la economía de la Iglesia trabajó cuando la Iglesia comenzó», me daba ánimo ver algunas cabezas asintiendo con aprobación.

-En los últimos dos años hemos recaudado cinco millones de dólares para fortalecer nuestra fundación y construir un nuevo gimnasio. Es curioso, pero Francisco prohibió a los miembros de su orden tocar dinero o tener edificios. Temía que eso los llevara a estar demasiado cómodos, demasiado aislados del mundo. No estoy diciendo que el dinero o los edificios sean malos, pero me pregunto si en este punto de la historia de nuestra Iglesia estamos confundiendo preferencias y necesidad.

Vi hacia Peter Collins, el gentil pediatra que era uno de mis adultos mayores. «Pete, ¿te acuerdas de la noche en que nos sentamos en tu balcón y me dijiste que soñabas con empezar una clínica de salud, en el centro de la ciudad, para los pobres de la parte sur de Bridgewater?».

Con apariencia de sorpresa, Peter asintió. -Si pudiera decidir entre usar nuestro dinero en una cancha de basquetbol o una clínica de salud, ¿cuál creen que Jesús nos diría que escogiéramos? -pregunté.

Peter sonrió.

-Tengo que arrepentirme de mi colaboración con los poderes del materialismo. Soy el peor de los pecadores en ese aspecto. Pero si me toman de vuelta, voy a guiarnos, a todos, a través de un examen minucioso de cómo, como Iglesia, hemos participado en la cultura del consumismo. No será divertido, pero necesitamos pensar sobre si la economía de nuestra comunidad está alineada con los propósitos del reino de Dios. «Aquí hay algo más que aprendí: la comunidad del reino es una comunidad de pacificadores. Francisco le dijo a sus frailes que saludaran a todos los que se encontraran diciendo: "La paz del Señor esté contigo", lo que más de una vez les valió una golpiza, dije riendo. La Europa del siglo XIII era un lugar violento. Siempre había alguna guerra en algún lugar cercano, las ciudades estaban llenas de crimen, las enfermedades mataban gente por doquier y la mayoría de las carreteras eran demasiado peligrosas para viajar por ellas. La última cosa que las personas creían era que el Señor, o cualquiera, pudiera darles la paz... y, sin embargo, difundir la paz es uno de los caminos más importantes para dar testimonio del evangelio». Comencé a dar pasos de un lado a otro, como un tigre en una jaula, concentrando todo mi poder en mantener mi mente clara. Me estaba metiendo en terreno peligroso en ese momento y sabía que algunos miembros de la congregación estarían en violento desacuerdo conmigo por lo que estaba a punto de decir.

—Los tiempos que vivimos exigen que seamos más que amantes de la paz. Hay mucho en un juego. Como comunidad tenemos que empezar a ser pacificadores proactivos en nuestras casas, en nuestras oficinas, en nuestra iglesia y, lo más importante, en nuestro mundo.

Meneé mi cabeza. «Algunas veces cuando leo revistas cristianas o escucho a líderes cristianos es definitivamente escalofriante. Los izquierdistas le gritan a los conservadores, los republicanos a los demócratas, los evangélicos regañan a los revisionistas, los fundamentalistas ponen contra las cuerdas a todos. Es como si fuera un cristianismo de programa de discusión de radio, en que todos creen que poseen la Verdad y que, además, tienen un mandato de Dios para embutir esa verdad en las gargantas de todos los demás. Lo admito,», dije, levantando mi mano, «yo he propiciado ese tipo de espíritu de 'nosotros versus ustedes' aquí mismo. Incluso lo he predicado y estaba equivocado. Es cierto, podemos estar en desacuerdo con los otros y algunas veces debemos estarlo, pero ¿dónde quedó la gentileza y el respeto?».

Me rasqué la cabeza y miré a mi alrededor. «Cuando la Iglesia comenzó era un movimiento pacifista conocido por su crítica abierta a cualquier forma de derramamiento de sangre y violencia. Después de que Constantino legalizó el cristianismo, surgió la teoría de la 'guerra justa', que significaba que los cristianos podían participar en guerras en tanto que se cumplieran ciertos criterios. ¡Para el año 1100, los cristianos estaban lanzando Cruzadas y diciendo a los fieles que matar musulmanes les aseguraría un espacio en el cielo! ¿Qué pasó? En algún momento olvidamos que Jesús pretendía que el Sermón de la montaña fuera un programa real y concreto para vivir. Él quería que nosotros realmente lo viviéramos, no sólo que lo admiráramos como un bonito ideal, pero poco realista. Quiero decir, ¿qué pasaría si los cristianos se dedicaran a la pacificación con la misma disciplina y concentración que los ejércitos lo hacen para la guerra? ¿Qué diferencia implicaría? Tenemos que revisitar las enseñanzas de la Iglesia temprana sobre la reconciliación, la pacificación y el Sermón de la montaña y preguntarnos si estamos viviendo sus planteamientos o si sólo andamos de puntillas a su alrededor».

Los Markstead y los Dreiser se levantaron al mismo tiempo. La cara de Bill Markstead estaba morada y su esposa lo palmeaba en la espalda para que se siguiera moviendo hacia la salida. Pienso que le daba miedo que si él se quedaba parado en el pasillo y si no lograba sacarlo, comenzaría un debate político conmigo. Los Dreiser no tenían tanta prisa. Hicieron varias paradas camino a la puerta para hacer saber sus sentimientos. Vi que sus brazos agitándose, varias veces hicieron gestos hacia mí y movieron sus cabezas.

–Una última cuestión sobre ser una comunidad de pacificadores –dije. Los Markstead y los Dreiser se detuvieron en las puertas para oír mi pensamiento final. «No soy un político y no soy un experto en asuntos de actualidad. Pero en Italia aprendí que los cristianos están llamados a instar a nuestros líderes a que también sean pacificadores. Ésta es una razón por la que la Iglesia se debe cuidar de albergar a un partido político como es 'el partido cristiano'. La historia ha probado que sobreidentificarse con un partido es una receta para el desastre. Si nos acercamos demasiado a un grupo, perderemos nuestra habilidad para criticarlos proféticamente si se salen del carril».

El sonido de los Markstead y los Dreiser azotando las puertas tras de ellos hizo que algunas personas brincaran.

Antes de la reunión, alguien había abierto las cortinas acústicas. Los rayos de sol de mediodía estaban brillando desde el techo. El salón se sentía más caliente y no sabía si el sudor en mi frente era una respuesta a la temperatura que subía o un síntoma de terror abyecto. Le di la espalda a la congregación para limpiar mi frente con la manga de mi camisa.

–El compromiso radical de Francisco con la paz fue otra razón por la que la Iglesia experimentó un renacimiento en Europa. Pienso que podría tener el mismo efecto hoy. Me gustaría que formáramos un equipo de paz y reconciliación para trabajar con nuestro comité de misiones para así examinar las maneras en las que podríamos involucrarnos activamente en buscar la paz local y global. ¿Cómo podemos ayudar a combatir condiciones económicas y políticas injustas alrededor del mundo que creen campos fértiles para la violencia y el terrorismo? ¿Hay maneras en que podemos participar en esfuerzos de reconciliación entre grupos de personas en nuestro país y en el extranjero? ¿Cómo podemos buscar activamente la aplicación de las enseñanzas de Jesús del Sermón de la montaña tanto aquí como internacionalmente?

«Quisiera saber más sobre las artes», dije. «Pero sé esto: la *belleza* puede romper un corazón y hacerlo pensar en algo más espiritual que la rutina inconsciente en la que avanzamos día a día para sobrevivir. Francisco fue un cantante, un poeta, un actor. Sabía que la imaginación era una forma sigilosa de llegar a las almas de la gente, una manera de llevarnos a todos a pensar sobre Dios. Para él, la belleza era su propia apologética. Es por eso que una Iglesia debe preocuparse por las artes. Nos inspira a todos a pensar en lo eterno. «Me habría gustado podido llevar conmigo a cada uno de ustedes a Italia», dije, sorprendiéndome a mí mismo porque realmente hubiera querido. «Me habría gustado que ustedes experimentaran conmigo la forma en la que la arquitectura, la pintura, la escultura y la música me condujeron a la presencia de Dios. Empiezo a ver que hay una diferencia entre el arte que confía en el simple poder de la belleza para apuntar a la gente hacia Dios y el arte cristiano que es conscientemente propagandístico. Mi tío Kenny, con quien pasé la mayor parte de mi tiempo en Italia, dijo algo profundo... que uno puede hacer arte sobre la Luz, o que uno puede hacer arte que muestre lo que la Luz revela sobre el mundo. Creo que lo último es lo que nosotros queremos hacer. En un mundo caído, la belleza es una forma de protesta, una manera de desterrar la oscuridad. «Hasta ahora, hemos abrazado a las artes sin entusiasmo como si fueran algo lindo, pero innecesario.

Me gustaría cambiar eso. ¿Qué tal si transformamos nuestro auditorio de solidaridad en un espacio dedicado a las exposiciones de arte y las interpretaciones en vivo, qué tal si construimos ahí un escenario para lecturas de poesía, danza, recitales y obras de teatro? Quiero que patrocinemos ciclos de cine. Sobre todo, me gustaría crear foros en los que nosotros y nuestros amigos podamos discutir la relación entre la belleza, el arte y la fe y cómo todo se relaciona con nuestra búsqueda común de Dios. Hemos hablado de contratar a un pastor asociado de evangelismo, pero quiero que en vez de eso consideremos contratar a un 'artista en residencia'. Démosle a él o a ella la libertad de hacer de nuestra Iglesia una avanzada de belleza y de hacer de Putnam Hill un lugar seguro para los artistas para desarrollar sus vocaciones». Había mucho más qué decir sobre la belleza. Pero mi instinto me dijo que siguiera con mi exposición.

–Cuando pienso en la palabra *dignidad*, pienso en Maggie Harmon. La mayoría recordamos la primera vez que Maggie vino a Putnam Hill, descompuesta y adolorida, sin idea alguna de cómo actuar entre nosotros. Y, francamente, muchos de nosotros tampoco sabíamos cómo comportarnos alrededor de ella. Pero creamos un lugar para ella. «Putnam Hill dio fe a Maggie e Iris. Pero además de eso le dimos a Maggie algo más que ayudó a devolverle su *dignidad*.

«Todos somos personas rotas que hemos perdido nuestra dignidad, de una manera u otra. La vida entera de Francisco estaba dedicada a regresar la dignidad a la gente: personas pobres, leprosos, personas que eran despreciadas y rechazadas por la sociedad: la gente que Jesús buscó para su ministerio. Su compromiso de restaurar el juicio de la gente acerca del valor que Dios nos dio emocionó el corazón de los cínicos que habían casi renunciado a creer que el evangelio eran buenas nuevas para alguien. ¿Qué tal si todos, como una Iglesia, decidimos que uno de nuestros distintivos es el ser restauradores de la dignidad de las personas? No se equivoquen: ésta es de hecho una idea radical y peligrosa. Significaría que tendríamos que aceptar a las personas tal y como son, pues recobrar su dignidad puede tomar un largo tiempo. Significaría abrir de par en par las puertas de nuestra iglesia a quienes quizá son diferentes de nosotros. Quizá no siempre nos sintamos a gusto con lo que ellos creen o la manera en la que viven, pero nuestro trabajo no es condenar a la gente por sus errores, sino redimirla. Nuestro objetivo es ayudarlos a ver a Aquel cuyo sólo toque puede regresarles su dignidad perdida.

«Hacer de la dignidad uno de nuestros ideales guía significaría más que la mera hospitalidad. Mucho más. Significaría luchar en contra de cualquier cosa que prive a las personas de su dignidad: cosas como el racismo, el sexismo, las adicciones, la injusticia y la pobreza, por mencionar algunas. En el periódico de anoche, leí que la alcaldía de Robbins perdió la posibilidad de seguir rentando su espacio de rehabilitación de drogas y alcohol. Es el único programa diurno en el área para adictos que no pueden pagar un tratamiento que implique internarse. Si cierra, dejarán a 150 adictos sin la ayuda que necesitan para mantenerse limpios. ¿Por qué no les ofrecemos un espacio temporal en nuestro edificio hasta que consigan nuevas instalaciones? De nuevo, esto es sólo el principio, pero si arrancamos con eso, Dios nos dirá qué debemos hacer después».

Me di cuenta de que mi campo de visión estaba lleno de cientos de ojos del tamaño de platos que me miraban conmocionados. Gracias a Dios había un puñado de personas que estaba sentado al borde de sus asientos, viéndose como si estuvieran comprendiendo la visión que les compartía.

–Y ahora un papel para la Iglesia que los sorprenderá... uno que hemos olvidado por demasiado tiempo: tenemos que devolverle su dignidad a la creación también. Si Francisco estuviera entre nosotros hoy, se preguntaría por qué no hemos encabezado el esfuerzo por reparar y defender a nuestro planeta herido. La tierra es de Dios y su gente debe defenderla. Francisco veía el sello de Dios en todo. No podemos arreglarlo todo, pero quizá podamos encontrar un área en la ciudad que esté deshecha y podamos embellecerla para Dios nuevamente. Podemos adoptar una especie en peligro de extinción y cabildear ante el gobierno para su protección. Hay organizaciones cristianas que están trabajando para proteger el ambiente. ¿Por qué no ponerlas en el presupuesto de nuestras misiones y mandar equipos a trabajar con ellos? Puede ser que no sea mucho, pero, de nuevo, es un comienzo.

Siete u ocho personas más recogieron sus cosas y se fueron. Un hombre le pasó una nota a LeClerc al pasar a su lado. Estaba decepcionado, pero, por otra parte, podría haber sido mucho peor. «La última palabra es *significado*», dije. «Las personas son buscadoras de significados. Todos queremos ser parte de algo que es más grande que nosotros mismos. Nuestro mundo está lleno de gente que no tiene una gran historia que le de sentido a su vida y por ello está hambrienta de ella».

Regresé a mis notas. «Mi tío Kenny me hizo leer a un autor llamado Wendell Berry. Aquí lo que dice: "Lo significativo, así como finalmente la calidad, del trabajo que hacemos está determinado por nuestro entendimiento de la historia de la que formamos parte". Por años pensé en la Biblia no como una historia sino como una fotografía en blanco y negro, algo que se podía usar en un juicio como prueba de que nuestras doctrinas y proposiciones eran racionales y verdaderas. ¡Vaya muestra de la trivialización y del ocultamiento de la belleza de la Biblia! Ahora veo a la Historia más como una pintura llena de gloria, poesía e incluso líneas borrosas. Las pinturas son más intrincadas que las fotografías. Están abiertas a una amplia variedad de interpretaciones, dependiendo de quién las esté viendo y de las situaciones en las que estén viviendo quienes las ven. Ver la Biblia de esta manera puede llevar a que las cosas se vuelvan caóticas de vez en cuando, pero el Mundo está vivo, no es estático. Nuestro trabajo es invitar a las personas a habitar la historia, a ser parte de lo que Dios está haciendo en la historia. Y no tenemos que sentir una constante presión de defenderla de sus críticos. La verdad no necesita ser defendida. Ella es su propio testimonio. «Hay un último asunto: la verdad es que ya no quiero ser etiquetado como evangélico. En realidad, ya no quiero ser etiquetado en absoluto. Las etiquetas son engañosas, objetivan a la gente. Son una forma de pereza relacional. Pensamos que si podemos encontrar una etiqueta para una persona ya la hemos entendido y que no necesitamos dedicar más tiempo a conocer quién es». Reí entre dientes y agité mi cabeza. «Las personas son siempre más complicadas que sus etiquetas». Me detuve y pensé por un momento. «¿Conocen la historia del primer capítulo de Juan en la que Jesús está caminando por la calle, seguido por un par de los discípulos de Juan el Bautista? Se vuelve hacia ellos y dice: "¿Qué quieren?" Ellos dicen: "¿Dónde te estás quedando?" Jesús les responde: "Vengan y vean". «Si alguien insiste en etiquetarme en el futuro, me gustaría ser conocido como un cristiano de "vengan y vean". Si alguien me pregunta a qué clase de iglesia pertenezco, me gustaría decir a 'una iglesia de vengan y vean'. Vengan y vean cómo amamos a los pobres, vengan y vean cómo devolvemos su dignidad a los que la han perdido o la han entregado, vengan y vean cómo encontramos a Dios a través de cada práctica a nuestra disposición, vengan y vean cómo nos amamos los unos a los otros en comunidad, vengan y vean cómo estamos por la paz y la justicia, vengan y vean cómo nos hemos librado del consumismo y nos hemos vuelto radicalmente generosos, vengan y vean nuestra pasión por la belleza, vengan y vean cómo defendemos la Tierra, vengan y vean cómo predicamos el evangelio todo el tiempo y cuando es necesario usamos las palabras. Vengan y vean... Y quizá después de un tiempo ustedes decidirán unírsenos en la historia que estamos viviendo».

Suspiré. «La Edad Media era diferente del mundo en que hoy vivimos, pero Francisco enfrentó muchos de los mismos desafíos que nosotros tenemos. Creo que nos puede ayudar guiándonos a nuestro objetivo, porque su objetivo era el mismo que el de nosotros: servir a Jesús completamente y sin reservas. Hay tanto qué decir sobre todo esto. Yo no tengo un plan ni estrategia de cinco años. Todo lo que les he dado es una probada del espíritu de la Iglesia que quiero encabezar. Ahora ustedes tendrán que decidir si ésta es la Iglesia que ustedes quieren ser». La presentación me había tomado alrededor de 45 minutos. Unas pocas personas aplaudieron de corazón, vi algún entusiasmo genuino en sus caras. El resto aplaudió callada y anémicamente, por cortesía. Ed se levantó de su asiento y se me unió, apuntando hacia el resto de los adultos mayores. «Hablaré contigo más tarde», me susurró a mí.

Me enfilé hacia el pasillo central. Maggie se paró y me siguió. A la mitad del pasillo, tomó mi mano y la apretó. Palidecí cuando llegamos al pasillo de afuera del auditorio y ella dejó salir un grito de guerra.

XII

Con Dios, nada está vacío de significado. **SAN IRENEO.**

Maggie y yo fuimos directamente a City Lights Diner a comprar comida para llevar. Algunas personas pierden al apetito cuando están nerviosas, otras no. Nosotros estábamos claramente en el campo de los que «no». Compramos suficiente comida como para alimentar a un equipo de futbol de bachillerato que va saliendo de dos semanas de ayuno. Estábamos seguros de que Ed nos llamaría tan pronto como supiera algo, así es que nos fuimos a mi departamento a esperar. Cuando sonó el timbre, casi me tropiezo con el otomano al apresurarme para abrir. Me sorprendió ver a Mindy y su esposo, Jack, ahí parados. Los ojos de Mindy estaban rojos y Jack se veía abatido.

–¿Ya sabes algo? –preguntó ella, lanzando un resoplido.

Maggie se acercó y detuvo detrás de mí. «No», dije yo.

Mindy se quebró y se arrojó sobre mí, abrazándome. «Creo que no se ve nada bien», dijo llorando.

–Después de que te fuiste, la reunión se volvió cosa de todos contra todos. Algunas personas pensaron que tus ideas eran geniales y dijeron que la Iglesia te debía el intentar hacerlas funcionar. Pero había un grupo más grande que decía que te habías convertido en un católico izquierdista liberal y un mujeriego, por si fuera poco –dijo Mindy, mientras veía a Maggie con expresión de disculpa. «Unos cuantos dijeron que ni siquiera estaban seguros de que todavía fueras cristiano», dijo Mindy, sonándose la nariz.

–¿Qué pasó después? –pregunté.

–Ed le dijo a todos que los adultos mayores valoraban sus comentarios y que les pedían que rezaran a Dios pidiendo que los líderes de la Iglesia tuvieran la sabiduría para saber qué paso tomar a continuación –dijo Jack. «Después, los adultos mayores salieron de ahí y fueron a tu oficina. Estoy seguro de que tomarán una decisión antes de mañana».

–¿Y Chip? –preguntó Maggie.

Mindy frunció el ceño. «No dijo ni una sola palabra... Sólo se sentó ahí viéndose como un engreído y satisfecho de sí mismo».

Alguien tocó a la puerta y oímos a una voz conocida decir "hola". Cuando salí a la sala, Ed estaba ahí, de pie. Echó su sombrero en el sofá. «¿Tienes tiempo para hablar?», preguntó.

Mindy y Jack no le dirigieron mucho la palabra a Ed mientras iban saliendo. Los acompañé a la puerta principal, mientras Maggie iba a la cocina y cerraba la puerta tras de ella. Podía oírla lavando las ollas y sartenes que yo sabía que no estaban sucios. Ed se sentó en el sofá y yo en la silla que estaba frente a él.

—Votaron a favor de dejarte ir —dijo él.

Mis hombros colapsaron. No debía sorprenderme tanto. Pensaba que me había preparado para eso. Pero en realidad oír las palabras fue devastador. «¿Qué pasó?», pregunté.

—Estuvo muy cerrado. Estuvimos estancados en un empate de cuatro contra cuatro por tres horas —dijo él.

—¿Quién cambió su voto? —estaba seguro de que tenía que haber sido Roger Pernall, siempre era el más influenciable.

Ed se inclinó hacia adelante. «Fui yo», dijo, viéndome directamente a los ojos. Mi corazón entró en caída libre dentro de mi pecho, por un momento no pude lograr que entrara aire a mis pulmones. En mi mente nos vi, a los dos, quince años antes, jugando golf y hablando de mi sueño de una nueva Iglesia. A pesar de que yo era treinta años menor y un tanto arrogante, él se había tomado el tiempo de escucharme y de hacer todas las preguntas difíciles. Después de nueve hoyos, dijo que mis ideas eran estimulantes. Para el hoyo 18, él era mi adulto mayor fundador.

—Pero ¿por qué? —pregunté.

Ed suspiró. «Si te hubieras quedado, la iglesia te habría reducido hasta convertirte en nada. Habrías pasado los siguientes cinco años doblándole la mano a los comités y a quienes se negaran a seguir tu liderazgo. Habrías muerto de mil pequeñas cortadas»

—¿Fue un asesinato piadoso?

–Así es.

Alguna vez había oído a alguien definir la negación como «rehusarse a saber algo que uno ya sabe». En mi corazón de corazones, había sabido todo el tiempo que habría sido más fácil hacer pasar a un elefante por una manguera de jardín que cambiar Putnam Hill. Al mismo tiempo, me negaba a saberlo. Ed lo había visto tan claro como el día. Él había hecho lo correcto.

Me tallé los ojos. «¿Algún consejo?», pregunté.

–Volver a empezar –dijo él.

Epílogo

Déjanos empezar de nuevo, porque hasta ahora no hemos hecho nada. **SAN FRANCISCO DE ASÍS (en los últimos días de su vida).**

Diario: Junio 17

Hacía mucho tiempo que no me había sentido como me sentí, hace un rato, esta noche. Había esparcido la noticia de que haría una reunión en mi departamento para hablar sobre empezar una nueva Iglesia y ¡llegaron 45 personas! Dos tercios eran personas laicas y quienes pronto serían ex empleados de Putnam Hill que estaban intrigados por lo que habían oído en la reunión general, los demás eran amigos con interés en el asunto (hasta mi vecina Jacqueline llegó).

Era exactamente como en los viejos días, cuando comencé con Putnam Hill. Maggie y yo hicimos un enorme tazón de fettuccine primavera (en honor a Francisco) y algunas otras personas trajeron algo de postre, ensalada y pan. Apenas empezaba a compartir mi visión con el grupo cuando Ed entró, con Mac justo detrás de él. Estaba tan conmovido que apenas y pude terminar mi charla. Ed se medio sentó en el marco de la ventana al fondo del cuarto y sonrió como el Gato Sonriente todo el tiempo. Hice una nota mental de que los dos necesitábamos ir a jugar golf de nuevo. También fue una locura ver ahí a Mac. El hecho de que siquiera tenga la idea de sembrar una nueva Iglesia es indicativo de que necesito a un psicólogo de tiempo completo cerca de mí. Al final del programa de la noche celebramos la comunión juntos. Fue muy poderoso. Ed fue hacia el frente y sirvió a mi lado, mientras Mindy pasaba pañuelos.

Supe que en Putnam Hill se ha formado un comité de búsqueda para encontrar un nuevo pastor. Chip está a cargo como interino y probablemente terminará quedándose con el trabajo. La verdad es que le deseo lo mejor a la iglesia.

Los amo cariñosamente y me he prometido a mí mismo que, cada vez que pase enfrente de la iglesia, diré una oración. No tenemos un nombre para la nueva iglesia ni tenemos mucho dinero, pero hay pasión suficiente como para repartir. Maggie ha aceptado trabajar como mi secretaria de medio tiempo, lo que será interesante porque prácticamente no tiene habilidades de organización. No estoy seguro de a dónde nos dirigimos ella y yo, pero lo que sí sé es que ella crece en mí más y más cada día. Ella dice que debemos vivir «un día a la vez» y creo que eso es sabio.

La noche de ayer, los dos estábamos sentados en el sofá y Maggie súbitamente recordó dónde había visto a Umberto antes. Era el hombre que le había dicho que fuera a Italia en su sueño. No estoy seguro de qué pensar al respecto y probablemente no debería siquiera intentarlo. Basta con decir que quizá Carla tenía razón. Algunas personas viven con tal feroz intensidad y belleza que su espíritu jamás se va realmente de este mundo.

Hoy temprano, encontré mi vieja copia de la *Divina comedia* de Dante debajo de mi cama. Debe haberse salido de mi morral cuando estaba desempacando. La abrí en la última página y vi que hace mucho había subrayado las líneas finales del *Infierno*.

> El guía y yo por esa senda oculta
>
> iniciamos la vuelta al claro mundo;
>
> y, sin cuidarnos de ningún reposo,
>
> subimos, él primero y yo segundo,
>
> hasta que columbré las cosas bellas
>
> que lleva el cielo, por una abertura:
>
> y nuevamente vimos las estrellas[1].

En efecto.

---

[1] Dante Alighieri, *Comedia. Edición bilingüe, traducción, prólogo y notas de Ángel Crespo. Seix Barral, Barcelona, 1973.*

Bibliografía

Escribir una novela con notas a pie de página sería un tanto extraño. ¿Quién quiere leer una novela que se ve como un trabajo final de universidad? Siempre que fue posible, cité o di crédito a los autores cuyos escritos o ideas influyeron, directa o indirectamente, en los pasajes de este libro. En esta bibliografía encontrará una lista que incluye obras citadas, obras pertinentes a los temas tratados y obras que consulté durante mi investigación. Recomiendo decididamente que compre y lea estas excelentes fuentes.

Allen, Paul M., y Joan deRis Allen. *Francis of Assisi's Canticle of the Creatures: A Modern Spiritual Path*. Nueva York: Continuum, 1996.

Arnold, Duane W.H., y C. George Fry. *Francis: A Call to Conversion*. Grand Rapids: Zondervan, 1988.

Barron, Robert. *And Now I See... : A Theology of Transformation*. Nueva York: Crossroad, 1998.

_____. *Bridging the Great Divide: Musings of a Post-Liberal, PostConservative Evangelical Catholic*. Lanham, Maryland: Rowman & Littlefield, 2004.

_____. *Heaven in Stone and Glass: Experiencing the Spirituality of the Great Cathedrals*. Nueva York: Crossroad, 2000.

_____. *The Strangest Way: Walking the Christian Path*. Maryknoll, Nueva York: Orbis, 2002.

Berry, Wendell. *The Art of the Commonplace: The Agrarian Essays of Wendell Berry*. Washington, D.C.: Shoemaker and Hoard, 2002.

Bodo, Murray. *Francisco: el viaje y el sueño*, Alicia Sarre (trad.), edición Kindle. Cincinnati, Ohio: St. Anthony Messenger Press, 2011.

_____. *The Threefold Way of Saint Francis*. Mahwah, Nueva Jersey: Paulist, 2000.

_____. *The Way of St. Francis: The Challenge of Franciscan Spirituality for Everyone*. Cincinnati, Ohio: St. Anthony Messenger Press, 1995.

Boff, Leonardo. *La oración de San Francisco: un mensaje de paz para el mundo actual*. México: Ediciones Dabar, 2000.

Brown, Raphael. *The Little Flowers of St. Francis*. Nueva York: Doubleday, 1958.

Brueggemann, Walter. *Finally Comes the Poet: Daring Speech for Proclamation*. Minneapolis: Augsburg, 1989.

_____. *La imaginación profética*. Santander: Sal Terrae, 1986.

Buenaventura. Citado en Arnold and Fry, *Francis: A Call to Conversion*.

Bustard, Ned, *et al. It Was Good– Making Art to the Glory of God*. Baltimore, Maryland: Square Halo, 2000.

Campolo, Tony. *How to Rescue the Earth without Worshiping Nature*. Nashville: Nelson, 1992.

Carretto, Carlo. *Yo, Francisco*. Madrid: Ediciones Paulinas, 1981.

Chalke, Steve, y Alan Mann. *The Lost Message of Jesus*. Grand Rapids: Zondervan, 2003.

Chesterton, G. K. *San Francisco de Asís*. Madrid: Encuentros, 1999.

Cunningham, Lawrence, S. *Francis of Assisi: Performing the Gospel Life*. Grand Rapids: Eerdmans, 2004.

Dennis, Marie, *et al. St. Francis and the Foolishness of God*. Maryknoll, Nueva York: Orbis, 2002.

DeWitt, Calvin B. *Caring for Creation: Responsible Stewardship of God's Handiwork*. Grand Rapids: Baker, 1998.

_____. *Earth-Wise: A Biblical Response to Environmental Issues*. Grand Rapids: CRC Publications, 1994.

Donovan, Vincent J. *Christianity Rediscovered*. Chicago: Fides/ Claretian, 1978.

Englebert, Omer. *Vida de San Francisco de Asís*. Buenos Aires: Ediciones Desclée de Bouwer, 1949.

Felder, Hilarin. *The Ideals of St. Francis of Assisi*. Quincy, Illinois: Franciscan Press, 1982.

Fitch, David E. *The Great Giveaway: Reclaiming the Mission of the Church from Big Business, Parachurch Organizations, Psychotherapy, Consumer Capitalism, and Other Modern Maladies*. Grand Rapids: Baker, 2005.

Franciscan Pilgrimage Programs. *Pilgrim's Companion to Franciscan Places*. Asís, Italia: Franciscan Pilgrimage Programs, 2002.

Galli, Mark. *Francis of Assisi and His World*. Downers Grove, Illinois: InterVarsity, 2002.

Grenz, Stanley J. *A Primer on Postmodernism*. Grand Rapids: Eerdmans, 1996.

Grenz, Stanley J., y John R. Franke. *Beyond Foundationalism: Shaping Theology in a Postmodern Context*. Louisville, Kentucky: Westminster, 2001.

Habig, Marion A., ed. *St. Francis of Assisi: Writings and Early Biographies*. Chicago: Franciscan Herald, 1983.

Hijuelos, Oscar. *Mr. Ives' Christmas*. Nueva York: HarperCollins, 1995.

Holl, Adolf. *The Last Christian*. Garden City, Nueva York: Doubleday, 1980.

House, Adrian. *San Francisco of Asís*. Barcelona: Plaza y Janés, 2002.

Jørgensen, Johannes. *San Francisco de Asís*. Madrid: La Lectura, 1916.

Karlgaard, Rich. "Peter Drucker on Leadership." Forbes.com, Noviembre 19, 2004, www.forbes.com/2004/11/19/cz_rk_1119 drucker.html.

Kavanaugh, John F. *Following Christ in a Consumer Society*. Maryknoll, Nueva York: Orbis, 1981, 1991.

Keller, Timothy. "Preaching to the Secular Mind." *Journal of Biblical Counseling* 14.1 (Otoño 1995).

Lewis, C. S. *El peso de la gloria*. Nashville, Tennessee: HarperCollins Español, 2016.

McLaren, Brian D. *The Church on the Other Side*. Grand Rapids: Zondervan, 1998, 2000.

_____. *A Generous Orthodoxy*. Grand Rapids: Zondervan, 2004.

_____. *A New Kind of Christian: A Tale of Two Friends on a Spiritual Journey*. San Francisco: Jossey-Bass, 2001.

Merton, Thomas. *Místicos y maestros zen: ensayos sobre misticismo oriental y occidental*. Buenos Aires: Lumen, 2001.

Mills, David. "Imaginative Orthodoxy: The Art of Telling the Christian Story." *Touchstone: A Journal of Mere Christianity*, Noviembre/Diciembre 1999.

Moorman, John R.H. *Saint Francis of Assisi*. Chicago: Franciscan Herald, 1950.

Murphy, Nancey. *Beyond Liberalism and Fundamentalism: How Modern and Postmodern Philosophy Set the Theological Agenda*. Harrisburg, Pensilvania: Trinity Press, 1996.

Nothwehr, Dawn M. *Franciscan Theology of the Environment: An Introductory Reader*. Quincy, Illinois: Franciscan Press, 2002.

Palmer, Parker J. *Deja que tu vida hable: escucha la voz de tu vocación*. Málaga: Sirio, 2017.

Papa Juan Pablo II. "Carta a los artistas." 4 de abril de 1999, Pascua de Resurrección.

Rohr, Richard. *Returning to Francis' Spirit in the Americas*. Audio casete con grabación de la voz del autor. Albuquerque, Nuevo México: Center for Action & Contemplation, 2001.

Rohr, Richard y John Bookser Feister. *Hope Against Darkness: The Transforming Vision of Saint Francis in an Age of Anxiety*. Cincinnati, Ohio: St. Anthony Messenger Press, 2001.

Ryken, Leland, ed. *The Christian Imagination*. Colorado Springs: WaterBrook, 2002.

_____. *The Liberated Imagination: Thinking Christianly about the Arts*. Colorado Springs: WaterBrook, 1989.

Sabatier, Paul. *San Francisco de Asís: el santo pagano*. Buenos Aires: Claridad, 1943.

Scaperlanda, María Ruiz y Michael Scaperlanda. *The Journey: A Guide for the Modern Pilgrim*. Chicago: Loyola, 2004.

Schmemann, Alexander. *For the Life of the World: Sacraments and Orthodoxy*. Crestwood, Nueva York: St. Vladimir's Seminary Press, 1997.

Spoto, Donald. *Francisco de Asís: el santo que quiso ser hombre*. Barcelona: Ediciones B, 2004.

Stassen, Glen H. *Just Peacemaking: Transforming Initiatives for Justice and Peace*. Louisville, Kentucky: Westminster, 1992.

Stassen, Glen H., ed. *Just Peacemaking: Ten Practices for Abolishing War*. Cleveland: Pilgrim, 1998.

Straub, Gerard Thomas. *The Sun & Moon Over Assisi: A Personal Encounter with Francis and Clare*. Cincinnati, Ohio: St. Anthony Messenger Press, 2000.

Talbot, John Michael, con Steve Rabey. *The Lessons of St. Francis: How to Bring Simplicity and Spirituality into Your Daily Life*. Nueva York: Penguin, 1998.

Tomás de Celano. *Vida y Milagros de San Francisco de Asís: contiene la vida primera, vida segunda, el libro de los milagros y la leyenda para el uso del coro que escribió el beato Tomás de Celano de la orden franciscana*. Barcelona: PP. Capuchinos de Pompeya, 1918.

Tomlinson, Dave. *The Post-Evangelical*. Londres: Triangle, 1995.

Underhill, Evelyn. *The Essentials of Mysticism*. Citado en Gerard Thomas Straub, *The Sun & Moon Over Assisi*.

Vanier, Jean. *La comunidad: lugar del perdón y de la fiesta*. Madrid: PPC, 2000.

_____. *El cuerpo roto: regreso hacia la comunión*. México: Comunidad del arca, 1992.

Viladesau, Richard. *Theology and the Arts: Encountering God through Music, Art, and Rhetoric*. Mahwah, Nueva Jersey: Paulist, 2000.

Wallis, Jim. *God's Politics: Why the Right Gets It Wrong and the Left Doesn't Get It*. Nueva York: HarperCollins, 2005.

Webber, Robert E. *The Younger Evangelicals: Facing the Challenges of the New World*. Grand Rapids: Baker, 2002.